# 정범구의 세상읽기

창작과비평사

1998

# 정범구의 세상읽기

# 동어반복의 정치 · 사회현실을 보며

내 노동으로/오늘도 살자고/결심을 한 것이 언제인가./
머슴살이 하듯이/바친 청춘은/다 무엇인가./
돌이킬 수 없는/젊은 날의 실수들은/다 무엇인가./
(…)
절반을 더 살고도/절반을 다 못 깨친/이 답답한 목숨의 미련/
미련을 되씹는/이 어리석음은/다 무엇인가./
내 노동으로/오늘을 살자/
내 노동으로/오늘을 살자고/결심했던 것이 언제인데.

— 신동문, 「내 노동으로」

자신이 서 있는 자리에서 자기 밥값은 하면서 살아야 한다는 강박
감 같은 것을 갖고 살고 있습니다. 아마 독일에서 겪은 광주항쟁의
기억 때문인 것 같습니다. 부마항쟁, 10·26, 12·12, 5·17, 5·18로

숨가쁘게 이어지는 우리 현대사의 현장을 만리 타국에서 스포츠 중계 보듯 보고 있었습니다. 제대로 피어보지도 못한 수많은 젊음이 처참하게 스러져가는 현장을 머나먼 '안전지대'에서 지켜보면서 참으로 많은 맹세를 스스로에게 했던 것 같습니다. 이제 그때의 수많은 맹세들은 세월 따라 적당히 잊혀지고 저는 공밥 먹고 사는 일이 잦아졌습니다.

유학을 마치고 동서독 시민들이 베를린 브란덴부르크 문 앞에서 통일을 환호하던 바로 다음날 귀국 비행기를 탔습니다. 냉전이 끝난 유럽대륙을 뒤로 하고 돌아온 한반도에는 그러나 여전히 냉전의 두꺼운 얼음장이 끼어 있었습니다. 사람들은 자칫 동상에 걸릴까봐 아직도 두터운 냉전의 외투를 벗지 못하고 있는 것 같았습니다. 세계화란 구호가 외쳐지고 있었지만 세계로 향한 우리의 창은 너무나 작고 완고했습니다.

작년 겨울 이래로 제 생활에는 거품이 많아졌습니다. 지난 연말 대통령 후보 TV합동토론 사회를 보고 난 이후 하루아침에 '뜬' 존재가 되었기 때문입니다. 사람들은 갑자기 제게 주목하는 것 같았고 제가 하는 말에 전보다는 더 비중을 두는 듯한 눈치였습니다. 저는 더욱 수다스러워져야 했습니다.

직접 생산적 노동에 종사하지 않는 이른바 지식인의 처지에서 나름대로 밥값을 한답시고 이 사회를 향해 이런저런 발언을 해왔습니다. 특히 1994년 이래 라디오를 통해 시사평론 작업을 하면서는 매일 적어도 두 시간씩은 우리 사회 현안들을 붙잡고 씨름해왔습니다.

그러나 방송에서 내놓는 말들은 전파를 타고 곧바로 허공으로 날아갔습니다. 그래서 때로는 그때그때 생각하고 느낀 바들을 이런저런 지면을 빌려 글로 남기고 싶었습니다. 어떤 것은 그때그때 신문·방송이 주요한 주제로 다루던 문제들일 수도 있고 어떤 것들은 그냥 평소 혼자 생각해오던 문제들이기도 합니다.

그런데 막상 이런 것들을 책으로 묶어내자니 망설여지는 게 한두 가지가 아니었습니다. 이제 이 책 이야기를 해볼까 합니다.

우선은 직업적으로 '말하기'와 '글쓰기'의 장르 구분이 필요하지 않을까 하는 생각이 들었습니다. 저는 어쨌든 지난 몇년을 주로 방송 저널리즘의 영역에서 '말'로 활동해온 터수여서 전문적인 '글쓰기'는 다른 사람들의 영역으로 남겨두어야 하는 것이 아닌가 하는 생각이 들었습니다. 방송에서 10~20분간 말로 전달하는 메시지의 형태와 원고지 7~8매 분량으로 압축해서 전달해야 하는 신문칼럼의 구성형태는 확실히 다르기 때문입니다. 또 리영희 선생이나 박경리 선생같이 주로 글쓰기에 평생을 바쳐온 분들이 방송을 통한 '말하기'를 대단히 고사하시는 모습을 보면서 확실히 '말'과 '글'의 전달방식은 다르다는 생각도 들었습니다. 그런데 저의 이런 고민을 한 친구는 대수롭지 않게 한방에 넘겨버립니다. 제 글은 '말하기'의 연장이지 결코 전통적인 '글쓰기' 축에 끼는 것은 아니니까 그런 걱정일랑 아예 말라고 말입니다.

두번째로 이 책에 실린 글의 상당수는 2~3년의 시차를 갖는 글들입니다. 하루가 다르게 변화하는 한국사회에서 몇년 전의 정치·사회평론이 무슨 의미를 가질 수 있을까 하는 생각이 들었습니다. 그러나 가까운 몇사람은 제가 2~3년 전 한국현실과 관련하여 지적한 문제들이 오늘날에도 그대로 반복되고 있다면서 저의 발언은 여전히 유효하다고 격려해주었습니다. 그들의 말에 은근히 고무되어 아전인수 격으로 제 글을 다시 읽어보니 그렇게 이해될 수 있는 대목들이 있기는 하더군요. 3년 전 박홍 총장의 주사파 발언을 다룬 글을 다시 읽으면서 최장집 교수 논문 왜곡사건을 떠올리게 됐고, 15대 국회가 출범하던 2년 반 전의 상황을 되돌아보면서 과연 우리 정치는 무엇이 달라졌나 새삼 스스로에게 물어보게 됩니다. 그동안 세월이 흘렀지만 이땅에서는 아직도 무수히 많은 것들이 반복되고 있습니다. 동어반복의 정치, 동어반복의 사회라고 할까요?

마지막으로, 이런 식의 사회평론집이 또 하나의 공해가 되는 것은 아닌가 하는 걱정도 저를 매우 망설이게 했습니다. 우리 사회의 오래된 수많은 문제들을 해결하는 데 있어서 이런 지식인 류의 푸념 섞인 설교(?)가 얼마나 제 역할을 할 수 있을 것인가에 대해 자신이 서지 않았기 때문입니다.

그러나 결국 책은 나오게 되었습니다. 많은 망설임에 대해 해답을 얻은 것은 아니지만 그럼에도 책은 나오게 되었습니다. 매명(賣名)에 대한 욕심 때문만은 아니었습니다. 이미 제 몸을 떠난 저의 말과 글은 더이상 개인적인 것만은 아니라는 생각 때문이었을 겁니다. 이 사회 속에서 생장하고 호흡하며 살고 있는 한 사람의 발표된 말과 글은 이미 그 자체가 사회적인 것이며 이것에 대한 평가 역시 사회의 몫이 되어야 한다는 생각에서 부끄럽지만 여기 이렇게 한 권의 책을 내놓습니다.

여기 실린 글들은 1994년 이후 일간지·월간지·계간지 등 여러 지면에 실렸던 것들입니다. 제4부에 경어체로 되어 있는 글들은 라디오에서 한달간 연속칼럼으로 내보낸 것입니다.

이 글들은 모두 씌어진 시점을 고려하며 읽어야 할 것입니다. 지금은 상황이 달라진 것도 있겠지만 거의 손보지 않았습니다. 그 시점에서 다시 문제를 되돌아보게 하기 위해서이죠. 때론 지난 세월의 이야기를 낡은 비디오 보는 기분으로 봐도 좋을 것입니다. 그러나 보다보면 이것이 과연 지나간 과거의 이야기만인가 하는 데 여전히 우리의 현실적 고뇌가 있습니다.

책 제목으로는 현재 제가 진행하고 있는 KBS 2 TV 프로그램 제목을 따왔습니다. 제목 사용을 양해해준 KBS측에 이 자리를 빌려 감사를 드립니다. 아울러 아직은 여러모로 척박한 우리 사회의 토론문화를 위하여 TV공간에서 끊임없이 토론의 장을 확대해온 KBS 관계자들의 노고에도 감사드립니다. 민주사회로 나아가는 길에는 활발한 토론문화가 함께해야 한다는 그들의 신념이 반드시 결실을 맺게 되길 빕니다.

지난 몇년간 저의 행적을 기독교방송「시사자키, 오늘과 내일」과 분리해서 생각할 수는 없을 것입니다. 제가 갖고 있는 나름대로의 문제의식들은 많은 부분 이 시사자키를 통해 제기되고 다듬어졌습니다. 그리고 그것은 시사자키 제작진들과의 동지적 유대를 통해 가능했습니다. 그들에게 감사하며 어려운 조건 아래 있는 그들이 현재의 위기를 반드시 극복해낼 것을 또한 믿습니다. 이 책의 출판에 따른 전과정을 꼼꼼하게 챙겨준 창작과비평사 편집국, 원고정리

8

를 도와준 임재식군에게도 빚이 많습니다. 바쁘다는 핑계로 사실상 제가 해야 할 많은 몫을 그들에게 떠넘긴 셈입니다.

밥값을 하고 살겠다는 다짐을 여러 차례 한 셈인데 이렇게 말하다 보니 마음에 걸리는 것이 있습니다. IMF로 인해 직장과 보금자리를 잃고 실의에 빠져 있을 많은 분들에게 이런 말은 다른 의미에서 가시가 될 수도 있을 것 같군요. 더 많은 '나눔과 연대'의 정신이 정말 필요한 때입니다.

1998년 11월 15일

정범구 드림

# 차례

제1부

# 슬로건이 지배하는 사회

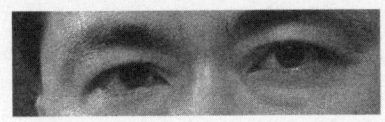

# '제2의 근대화 작업'이 필요하다

## 1. 역사에 비약이나 생략은 없다

올해는 참으로 절묘한 해다. 건국 50주년을 맞는 해이면서, 이것이 또한 50년 만에 이루어진 정권교체와 맞물려 있다. 건국 50주년이 지금 우리에게 던지는 의미를 정확하게 이해하기 위해서는 먼저이 50년 만의 정권교체가 의미하는 바가 무엇인지를 살펴볼 필요가 있다.

결론부터 말하자면 50년 만의 정권교체가 우리에게 주는 교훈은 '역사에 생략이나 비약은 없다'는 것이다. 따져보면 지난 1948년 이래 신생 대한민국의 과제는 '근대국가'의 건설이었다. 서구 선진산업국가들이 이룩한 바와 같은, 대의제 민주주의에 바탕한 건강한 자본주의사회의 실현이었다. 이런 과제를 추진해오는 데 있어서 우리는 어느 정도의 틀(hardware)은 서양과 비슷하게 갖추었지만 이런 틀을 운용할 시스템(software)은 여전히 낡은, 조선시대나 일제 식민지시대로부터 물려받은 낡은 사고나 관습에 바탕한 것이었다. 서구사회를 본따 의회라든가, 정당, 선거제도 등은 도입되었지만 정치는 서양의 대의제 민주주의와는 거리가 먼 권위주의 독재체제로 이어졌고, 외견상 자본주의체제는 도입됐지만 공정한 시장질서와는 거리가 먼 독점재벌체제, 경제의 족벌체제가 만들어졌던 것이다. 요는 껍데기는 서양의 근대국가들을 본따 만든다고 만들었지만 알맹이는 전혀 변화되지 않은, 봉건시대 또는 식민지시대의 것 그대로였던 것이다.

그러나 이런 고민은 반드시 우리만의 것은 아니다. 되돌아보면 20세기 인류역사에서는 서구 선진자본주의 국가(다른 말로 하면 '근대국가'다)를 따라잡으려는 후발국가들의 다양한 실험이 있었다. 그중에 대표적인 두 가지를 들라면 하나는 쏘비에뜨혁명을 통한 현실 사회주의 국가들의 '자본주의 추월하기' 실험이었고, 다른 하나는 우리나라를 포함한 광범한 제3세계 국가들의 '자본주의 따라잡기', 즉 근대화(modernization) 실험이었다.

그런데 이미 쏘비에뜨형의 사회주의 실험은 1990년 쏘비에뜨사회주의연방의 해체로 역사적 평가가 끝났다.

제3세계의 선진자본주의 국가 '따라잡기' 역시 실패한 실험으로 귀결되어가고 있다. 60년대 이후 일단의 미국학자 중심으로 형성된 근대화 이론은 실제로 아시아·아프리카·라틴아메리카 국가들에 많은 영향을 주었다. 제3세계 국가들은 서구사회가 수백년에 걸쳐 이룩한 성장을 몇십년간의 '압축성장'을 통해 따라잡을 수 있다는 '복음'을 들었다. 60년대 이후 아시아·아프리카·라틴아메리카에 빈발하는 군사쿠데타는 이런 배경 속에서 이루어졌다. '한국적 민주주의'니 인도네시아 스카르노의 '계도 민주주의'니 하는 것들이 이 시기 '개발독재' '압축성장'을 이루기 위한 정치체제로 동원된다. 이런 개발독재 실험은 7, 80년대까지는 성공적인 것처럼 보였으나 결국 한국, 인도네시아 등을 덮친 IMF체제 앞에 좌초하고 만다.

이쯤에서 이야기의 중간정리를 해보자. 앞서 필자는 50년 만의 정권교체가 주는 교훈이 '역사에 비약이나 생략은 없다'는 것을 확인해준 것이라 하였다. 결국 서구 선진자본주의 사회를 따라가려면 그들이 완성하였던 근대화, 즉 근대국가 수립이라는 과제를 건너뛰고서는 불가능하다는 것이다. 우리는 이것을 피해서 선진사회에 도달해보겠다고 '한국적 민주주의'와 같은 독재체제를, 또는 공정한 시장경제질서를 무시한 재벌 중심의 성장구조를 이용해보려 했지만 그것은 IMF구제금융을 통해서 결국 실패로 판정나고 말았던 것이다.


## 2. 이 마당에 근대화라니?

'제2건국'을 이야기하는 마당에 새삼스럽게 '근대화'라니, 무슨 케케묵은 이야기를 하자는 거냐고 의아해할 사람도 있을 것이다. 그러나 우리 사회에 근대화라는 깃발은 올랐었지만 과연 그 과제가 완성된 것인지, 그리고 근대화의 목표는 무엇이었는지를 다시 한번 생각해봐야 한다.

## 이승만·장면 정권시대의 근대화 과제

1948년 8월 3년간의 미군정기를 거쳐 탄생한 대한민국은 자체적 시민혁명의 전통 없이 성립한 '민주공화국'이었다. '조선'이나 '대한제국'의 절대왕정에 저항한 시민세력이 정권을 잡은 것이 아니라 왕정을 무너뜨린 식민지세력이 물러간 권력의 공백기에 들어선 민주공화국이었던 것이다. 더구나 이 민주공화국은 미−소 대결이라는 냉전체제의 최전방에 서 있었다. 따라서 이 신생국가 앞에는 다음과 같은 과제들이 주어졌다.

첫째, 대한민국은 북의 인민공화국보다 여러 면에서 우월한 체제라는 것을 보여주어야 했다. 민주주의의 우월성과 자본주의의 효율성을 보여주어야 했던 것이다. 또 이와는 별개로 '민주공화국'이라는 틀을 완성시켜야 했다. 의회와 정당과 선거제도가 마련되어야 했고 언론과 사법의 독립이 보장되어야 했다. 삼권분립에 의한 권력 간의 견제와 균형이 외견상 보장되는 민주공화국을 만들어야 했던 것이다. 그러나 이런 것들은 어디까지나 '모양'을 갖추는 데 끝나고 있다. 의회라는 것이 성립됐지만 권력자의 눈 밖에 난 국회의원들은 '프락치 사건'이니 '국제공산당 사건'이니 해서 줄줄이 엮여 들어가고 대통령의 개헌추진에 반대하는 의원들은 국회의사당으로 출근하는 버스에 앉은 채 헌병대로 연행되는 것이 현실이었다. 사사오입 개헌과 같은 희한한 사건에서 보여지듯이 국회의원은 단지 한국에도 의회민주주의가 있다는 것을 대외적으로 과시하는 장식품에 지나지 않았다.

삼권분립 원칙에 따라 독립성이 보장되어야 하는 사법부는 조봉

암 사건 재판에서 보는 바와 같이 정부방침에 어긋나는 판결을 한 판사에 대한 폭력이 백주대낮에 행사되어도 어떻게 저항할 수가 없었다. 정당이라고 하는 것은 집권자의 비위를 맞추는 여당이나 명사들의 사랑방인 야당이 있을 뿐이었다. 4·19로 등장한 장면의 민주당 정부도 자유당 정부에서 손상된 절차적 민주주의를 복원하는 역할을 담당하였을 뿐 기본적으로 민주주의를 운영하기에는 역부족이었다. 결국 서로 다른 이해집단간의 갈등을 조정하는 정당정치의 경험도, 상호견제하는 사회이익집단도, 또 사회적 갈등을 대화로 풀어보는 '다원사회'의 경험도 없던 당시에 '근대화'의 주요과제는 '수입된' 민주주의를 최소한 절차상으로라도 받아들여야 하는 데 있었던 것이다.

### 5·16 이후 시대의 개막: '개발독재'의 시작

합법정부를 전복시키고 들어선 5·16정권은 집권기간 내내 민주주의를 파괴한 정권으로 정통성 시비에 시달려야 했다. 이렇게 외부적으로는 '절차적 정당성' 문제에 시달리면서도 안으로는 남북한간 생산력 경쟁에 의한 '체제적 우월성'을 확보하기 위해, 즉 민생문제 해결을 통한 '내적 정당성'을 확보하기 위해 노력하기도 했다. 그런 노력의 결과로 합법성, 정통성 시비에 시달리면서도 '보릿고개를 없앤 정권'으로 긍정적 평가를 받기도 하였다. 이 시기에 본격적으로 '근대화'의 구호가 외쳐졌지만 이는 기본적으로 한국경제의 기초경쟁력 확보를 위한 구조를 만드는 데 집중되었다. 고속도로를 만들고 공단을 조성하고 수출드라이브 정책을 밀고 나가는 식이었다.

그러나 이런 경제성장을 위한 근대화는 소수 재벌을 중심으로 한, 그리고 안보상황을 빙자하여 경직된 노사관계를 바탕으로 한 것이었다. '중단 없는 전진' '싸우면서 건설'하는 분위기 속에서 노동자들에게는 '공장 일을 내 일처럼' 할 것만을 요구하였다. 이런 노동자들의 희생과 소수 재벌을 중심으로 한 수출 중심 성장전략으로 우리 사회는 어느 정도의 자본축적에 성공하였다. 이 자본축적을 바탕으로 이후 5, 6공은 물론 문민정부까지 그 과실을 따먹을 수 있었다. 말하자면 박정희 정권은 경제성장을 통해 일정한 정도의 '내적 지지'를 확보할 수 있었던 데 비해 이후 정권은 앉아서 그 과실을 따먹기만 하였다.

그러나 1998년, 건국 50주년과 50년 만의 정권교체를 맞이하는 시점에서 우리는 전혀 새로운 위기상황에 노출되었다. IMF체제 출현으로 '개발독재'의 자연수명이 다하고 전혀 새로운 상황을 맞게 된 것이다.


## 3. 위기는 어디에서 왔는가?

국민참여를 보장하는 의회제 민주주의를 확립하고 공정한 시장을 통한 경쟁력있는 자본주의를 발전시키는 것이 근대화의 핵심이란 말은 여러 차례 언급하였다. 민주주의와 시장경제는 양립가능한 것이라는 김대중 대통령의 민주적 시장경제론은 오늘날 우리의 국가적 과제가 바로 이 근대화의 완성에 있다는 점을 함축적으로 지적한다.

결국 한때 '한강의 기적' 신화의 주역이었던 재벌 중심의 경제성장 정책은 한계에 도달했다. 정경유착에 의한 관치금융, 각종 특혜에 의한 불공정거래를 통해 양적으로 팽창해온 한국경제는 근본적으로 성장의 한계점에 도달한 것이다. 또 일사불란함을 능률의 상징인 것처럼 내세우며 국민의 정치참여를 부정해온 정치체제 역시 국민의 저항에 부딪혔다. 이른바 문민정부 이래 민주화가 진행되었다고 하지만 국민의 참여를 거부하는 전근대적인 정치구조는 정치집단을 자신들만의 이권집단으로 게토(Ghetto)화하면서 정치권을 경제에 기생하는 대표적인 고비용 저효율집단으로 만들었다. 이런 한계는 결국 전근대적인 정치와 경제 구조 모두의 책임이다. IMF는 이제 더이상 지금과 같은 식으로는 한국이 국가경쟁력을 확보할 수 없을 뿐 아니라 세계화시대에 살아남을 수도 없다는 것을 보여주었다.

### '봉건적 자본주의'로는 안된다

세계화란 결국 '시장의 통합', 즉 세계의 단일시장화를 의미한다. 그리고 이 시장은 세계 초일류기업과 초국적 자본에 의해 주도되고 있다. 이제는 제품뿐 아니라 경영구조에서도 글로벌 스탠더드(global standard)가 필요한 시대이다. 이렇게 전지구적 범위에서 경쟁하려면 사회 내부의 효율성, 즉 자본주의적 효율성이 높아져야 하는데 우리는 '근대적 자본주의'가 아니라 '봉건적 자본주의' ─ 껍데기는 자본주의이지만 알맹이는 봉건적인 ─ 를 갖고 있기 때문에 경쟁에서 현저히 불리할 수밖에 없다. 봉건적 자본주의라는 것은 다음 몇가지 사례만 들어봐도 알 수 있다.

첫째, 검증되지 않은 2, 3세들의 경영권 세습으로 경쟁력이 붕괴되고 있다. 일반회사 평사원도 입사하려면 엄청나게 어려운 관문을 통과해야 하는데 수천, 수만 종업원과 그 가족들의 생계가 걸려 있는 재벌기업의 경영권이 '핏줄'에 따라 상속되고 있다. 대기업 경영이 단순한 '재벌 놀음'이 아니라는 것은 결국 기업을 와해 직전까지 몰고 간 동아건설·진로·해태·한화그룹 등의 2, 3세 세습경영자들의 행태를 통해서도 확인할 수 있다.

둘째, 경영권이 세습되는 경우 기업 내에서 민주적인 의사결정 구조가 자리잡기 힘들다. '상왕'의 후견 아래 또는 상왕시대부터 내려온 '가신'들의 비호 아래 기업의 주요한 결정들이 오너 1인의 자의적 판단에 따라 이루어진다. 이는 기업경영이 실패했을 때 경영책임을 물을 수 없을 뿐더러 기업 내에 권위주의적 기업문화를 만들어냄으로써 조직원들이 창발성을 발휘할 수 없게 한다.

셋째, 엄청난 규모의 재원이 소요되는 신규사업 진출과 같은 주요 결정이 사업의 타당성에 대한 과학적 검증을 통해서가 아니라 오너 개인의 취미나 기호에 따라 결정된다. 수천억에서 수조원 규모의 돈이 들어가는 자동차산업 같은 신규사업 참여 결정이 치밀한 시장조사나 타당성 조사를 통해서가 아니라 자동차를 광적으로 좋아한다는 오너의 개인적 취향에 따라 손쉽게 결정된다. 오늘날 경제위기를 초래한 주요 장본인인 한보 정태수 회장의 경우에는 주요사업을 결정할 때 점쟁이의 말을 따랐다는 웃지 못할 이야기도 항간에 돈다. 이런 사례들을 통해볼 때 우리의 재벌구조라는 것이 덩치만 컸지 내부적으로는 상당히 취약한 소프트웨어를 가진, 아주 봉건적인 자본주의라는 것을 이해하게 된다. 그리고 이런 봉건적 자본주

의로 세계화시대에 세계 유수기업들과 세계시장에서 경쟁한다는
것이 얼마나 허황된 이야기인가를 확인하게 된다.

## 몸에 맞지 않는 옷

오늘날 위기가 우리 자본주의체제의 전근대성과 비효율성에서 왔
다고 볼 때, 위기를 초래한 우리 사회 내부의 문제를 더 자세히 들여
다볼 필요가 있다.

먼저 우리 사회는 지금 '몸에 맞지 않는 옷'을 입고 있다. 시민사
회의 다원화에 따라 민간부문의 자율성에 대한 욕구, 주민자치에
대한 욕구는 더욱 커져가고 있는데 이에 따라주어야 할 정치·사회
제도는 여전히 '개발독재' 모형에 머물고 있어서 사회 전체가 '몸에
안 맞는 옷'을 입고 있는 느낌이다.

한편 정권이 오래 바뀌지 않았다는 것은 기득권층을 '응석받이'로
만들어 변화에 무력하게 만든 측면이 있다. 기득권층의 입장에서는
지금까지 큰 풍파 없이 안주해오던 환경을 갑자기 바꾸자니 뭘 어
디에서부터 어떻게 바꿔야 할지 난감한 것이다. 행정개혁에 저항하
는 '철밥통 조직' 공무원 사회의 현실이 그렇고, IMF사태로 그렇게
당했는데도 여전히 은행 돈 끌어들여서, 또는 정부의 지원으로 사
업을 확장하려는 재벌이 그렇다. 한보와 기아의 방만하고 무리한
경영 이면에는 그들의 돈줄을 빨아먹고 있던 정치권과의 유착관계
가 깊이 자리잡고 있는데도 정치권은 여전한 무풍지대이고 치외법
권 지역이다.

또 하나 우리 사회의 개혁을 가로막고 있는 중요한 장애는 시도
때도 없이 동원되는 반공이데올로기이다. 분단체제 아래서 '반공'

이 체제유지의 이데올로기로 되면서 온갖 비합리적이고 낭비적인 것들이 다 '애국'으로 둔갑하고 있는 것이다. IMF 외환위기로 온 국민이 갓난아이 백일반지까지 빼들고 와 은행 앞에 줄을 서고 있을 때 다른 한쪽에서는 소위 '북풍'조작을 위해 현역 안기부장이 수십만 달러의 현금을 공작원에게 내어주고 있었던 것이 우리의 현실이다. 지금도 새 정부의 개혁정책을 못마땅해하고 있는 세력들이 정면으로는 대들지 못하고 있다가도 대북정책이나 남북관계가 불거지면 현정부의 정책을 공격하고 나오는데, 이것이 다 '반공=애국'이라는 지난 시대의 잘못된 습성에 근거하고 있는 것이다.

## 4. '교체되지 않는 권력'의 개혁이 시급하다

민주주의적 합리성과 효율적이고 경쟁력있는 자본주의를 발전시키는 과제가 '근대화'의 과제이며 '제2건국'이 추구하는 내용이라고 본다. 그동안 형식적 민주주의와 자본주의를 위한 각종 법제도는 마련됐지만 이것을 운용하는 관행은 새롭게 변화하지 않으면 안 된다. 예를 들면 그동안 헌법 등 각종 법제도의 민주화, 대의정치제도를 위한 정당·의회·지방자치 제도 등의 하드웨어는 마련되었지만 참된 민주주의를 이룩하기 위한 사회적 소프트웨어 — 다원사회에 대한 열린 시각, 인권이라든가 사회적 소수세력에 대한 포용성, 시민들의 준법정신, 활발한 토론문화 등 — 는 더욱 다져져야 한다. 전국을 사통팔달하는 고속도로망과 항만·기술개발 등 산업화를 위한 하드웨어들은 마련됐지만 전문경영인에 의해 철저한 시장에서의 경쟁을 통해 기업체질을 다지는 소프트웨어는 아직 정착이 안 되고 있다.

김대중 정부의 '제2건국운동'은 '민주주의와 시장경제'라는 기본 철학 하에 참여민주주의와 시장경제의 완성, 보편적 세계주의와 지식기반 국가의 실현, 신노사문화의 창조와 남북간의 교류협력 추진 등의 국정과제 실천을 목표로 하고 있다. '국민의 정부'는 지금 혁명을 하자는 것이 아니라 '개혁'을 하자는 것이다. 개혁은 혁명보다 더욱 어렵다. 끈질긴 인내를 갖고 사회구성원들을 꾸준히 설득시켜 개혁에 동참시켜야 하기 때문이다. 이제 오랜 세월 기득권에 안주해온 세력들의 상당한 고통분담이 필요하다. '응석받이' 노릇은 이제 그만하고 비바람 몰아치는 우리의 현실 속으로 나와야 한다.

개혁의 대상에는 참여민주주의와 시장경제를 왜곡해온 정치권과 관료사회, 그리고 재벌체제가 일차적으로 거명되지만 언론과 교육도 중요한 개혁대상이다. 언론은 우리 사회의 주요의제를 제대로 설정해내지 못한 채 그 자체가 또 하나의 '통제되지 않는 권력'으로 자리잡아가고 있다. 또 암기 위주의 천편일률적인 인재들을 키워내는 현재와 같은 교육시스템으로는 제2건국이 지향하는 지식기반 국가의 건설은 요원하다.

여러 개혁과제 중에 특히 재벌개혁과 언론개혁은 시기를 놓치지 않는 과감한 추진이 필요하다. 무엇보다도 이들은 '교체되지 않는 권력'이기 때문이다. 개혁은 자칫하면 교체되는 권력과 교체되지 않는 권력 사이의 파워게임으로 실종될 위험성도 있다. '5년 만 버티면 된다'는 세력의 개혁 사보타지를 돌파하기 위해서는 기득권층의 반발을 지나치게 의식하기보다는 과감히 밀어붙여야 한다. 그렇지 않으면 세월은 교체되지 않는 권력의 편이 될 것이기 때문이다. 사회 전반의 개혁과 구조조정은 국민적 여망과 관심사이기 때문에 새 정부는 국민의 힘을 믿고 개혁에 매진해야 한다.

제2건국운동의 실천을 위해서 정부가 해야 할 일과 민간이 할 일을 구분하는 것이 필요하다. 정부는 개혁을 위한 법과 제도를 고치는 일을, 민간은 그동안의 오래된 잘못된 관행들을 바꾸어나가는 데 주력해야 할 것이다. 새로운 사회분위기 조성을 위한 민간운동에 이 자리를 빌려 한 가지만 주문하고 싶은 것이 있다. 우리 사회 부정부패구조의 뿌리를 이루고 준법질서를 파괴하는 잘못된 사회적 관행, '청탁문화'를 배척하고 일소하는 사회운동을 기대한다. 각종 연고를 동원하여 집요하게 우리 사회의 법질서를 밑바닥에서부터 무너뜨리는 '청탁문화'의 근절! 민간이 담당할 제2건국운동의 한 주요 운동으로 제안해본다.

〈1998년 10월〉

# 슬로건이 지배하는 사회

## 변화하는 사회, 변하지 않는 틀

50년 만의 정권교체에 흥분하던 소리들도 이제는 많이 가라앉고 다시 조심스럽게 '개혁의 실종'이니 '개혁의 표류'를 걱정하는 소리들을 듣게 된다. '준비된 대통령'에 비해 준비되지 않은 참모들을 걱정하는 소리, 또 대통령 혼자만의 '고독한 개혁'을 우려하는 소리도 들린다. 노동자의 축제일이라는 메이데이에는 새 정부 들어서서 처음으로 다시 '지랄탄'이 등장했다. 새 정부가 들어선지 불과 두 달 사이의 분위기가 이렇다. 더구나 시대는 그 듣기에도 지긋지긋한 IMF시대이고 새로운 천년이 시작되는 세기말적 전환기이다.

그만큼 개혁과 변화에 대한 기대는 어느 때보다 높다. 또 개혁을 표방했던 '문민정부'의 허망한 종말을 경험한만큼 우리 사회 전반의 구조적 개혁에 대한 기대가 여전히 높으면서도 다른 한편으로는 개혁이 과연 이루어질 것인가에 대한 패배주의 역시 잠복해 있다.

그리고 오랫동안 양지바른 곳, 마른 자리만 골라 디디며 우리 사회를 오늘 이 상황으로 끌고 온 기득권 세력은 비바람 몰아치는 '야지(野地)'로 나오기를 한사코 거부하면서 개혁에 저항하고 있다. 그래서 개혁은 이제 '정권' 혼자서 해결할 수 있는 것이 아니라 온 '사회'가 나서서 이루어야 하는 것이 되었다.

정권이 오랫동안 바뀌지 않는 동안 기득권층은 '응석받이'가 되어 스스로 변화할 수 있는 능력을 상실하였다. 국가를 위해서가 아닌, 공무원들의 밥그릇을 위한 행정규제가 국가경쟁력의 발목을 잡고 있다. 공무원이 국민을 위해서가 아니라 국민이 공무원을 위해 있는 것 같은 현실에서도 '행정개혁'은 관료조직의 사보타지에 의해 무력화된다. 온갖 로비로 은행돈(국내은행뿐 아니다) 끌어다가 남들이 해서 된다 싶은 장사는 다 따라하던, 그래서 결국은 온 국민이 빚잔치하게 만든 재벌도 '홀로서기'를 통해 '야전 체질'을 강화하라는 요구에는 눈알만 이리저리 굴릴 뿐 움직이려 하지 않는다.

그렇게 많은 신문과 방송들이 북 치고 장구 치고 하면서도 끝내 코앞에까지 닥쳐왔던 IMF 위기에는 경계발령 한번 못 냈다. 그리고 한동안은 이 위기가 모두 우리 국민들의 과소비에 있었던 양 몰아가면서 자신들의 '면피'에 급급했다. 그렇다면 이 언론이 지금은 어떠한가? 여전히 의제설정에서는 사회의 진정한 흐름을 외면한 채, 국민이 관심 갖는 것이 아니라 자신들이 관심 갖는 의제들을 마치 전국민적·전국가적 관심사인 것처럼 여론을 오도해나간다. 도대체 우리 언론과 방송의 1면을 장식하는 '정계개편' 관련 기사를 과연 얼마나 많은 국민이 진정한 관심을 갖고 지켜보겠는가? 정부와 노동계의 호소에도 아랑곳없이 곳곳에서 구조조정의 이름으로 자행되는 정리해고, 대량실업사태에 대해서는 한번 제대로 된 문제제기를 해보았는가? 노동계가 대량해고의 한 대안으로 내놓고 있는 '일자리 나누기'에 대해서 진지하게 국민적 토론을 유도해보았는가? 한 달에 7~8천원의 구독료를, 2천5백원의 시청료를 내며 신문·방송을 보는 국민들에게 지금 '자신들만의 천국'을 위한 싸움판이 되어버린 정치권의 이야기가 과연 '실업' 얘기보다 더 절실한 얘기일까? 이런 질문을 하다보면 오늘날 대부분의 언론이 여전히 '기득권적 시각'을 못 벗어난 채 우리 사회 개혁의 걸림돌이 되고 있다는 것을 느끼게 된다.

사회는 부단히 변화하고 있는데 응석받이가 되어버린 기득권층은 여전히 옛 틀을 고집하면서 변화에 저항하고 있다. 이들의 응석을 여전히 받아줄 수 있을 정도로 우리 사회가 여유있는(?) 지경이라면 괜찮을 텐데 상황은 그렇지를 못하니 참 딱하다.


## 우리는 여전히 '동원체제'에 살고 있는가?


6, 70년대 소위 '압축성장' 또는 '개발독재' 시기를 거치면서 우리 사회는 고도의 동원체제로 만들어졌다. 또 남북 대치라는 우리만의 상황이 이를 정당화시켰다. 60년대의 긴장상태에서 만들어진 예비군이나 학생 군사훈련제의 도입 등이 전사회의 '병영화'를 가속시켰다는 비판도 있지만 더 중요한 것은 우리가 끊임없이 각종 슬로건에 의해 지배되고 동원되었다는 것이다. "중단 없는 전진"이나 "싸우면서 건설하자"는 구호가 우리의 시대정신이 되었고 중고등학교 학생들 교복 앞섶에는 끊임없이 새로운 구호들이 달렸다. "안 되

면 되게 하라" "까라면 깐다" 등의 구호가 젊은 남성들의 남성다움을 검증하는 기준이 되었고 각급학교, 기관에서는 때마다 무슨무슨 표어를 공개모집하는 것이 유행이었다.

슬로건이 지배하는 사회는 전체주의 사회이다. 이제는 역사상에서 사라진 소련을 연상할 때 제일 먼저 떠오르는 것이 바로 붉은 바탕에 씌어진 각종 구호들이다. 멀리 갈 것까지도 없다. 「남북의 창」을 통해 보는 북한 모습은 여전히 각종 구호들로 도배된 전체주의 사회의 모습이다. 그럼 우리의 모습은 어떤가?

사회 전체를 지배하는 슬로건들은 확실히 눈에 띄게 줄어들었다. 그러나 우리 주변에는 여전히 크고 작은 구호들이 널려 있다. 전용차선을 위반하고 급히 내달리는 버스운전사 옆자리에는 어김없이 "나는 난폭운전을 하지 않습니다"란 스티커가 붙어 있다. 세금계산서 없이 거래되는 양주, 맥주를 룸쌀롱 앞에 부려놓는 소형트럭 뒤에는 "이 차량은 무자료 주류를 운반하지 않습니다" 따위가 적혀 있다. 표어가 여전히 우리 일상을 지배하지만 그러나 그 표어들이 이제는 현실을 정반대로 대변하는 이런 현상은 어디로부터 왔을까? 이것은 슬로건이 지배하는 '동원체제' 사회에서 나오게 마련인 '전시(展示)행정'의 결과이다. 모든 복잡한 사안들을 몇장의 차트로 브리핑할 수 있다고 믿었던, 그리고 모든 사람을 구령에 따라 움직이게 할 수 있다고 믿었던 시대에 만들어진 뿌리깊은 악습인 것이다.

관계자들의 직무태만으로 대형사고가 나거나 또는 대형 부정부패 사건이 터지면 익숙하게 보게 되는 모습이 있다. 관련 부처 종사자들이나 일정 직급 이상의 고급공무원들이 한자리에 모여 무슨무슨 '자정(自靜)결의대회'를 하는 것이다. 성수대교가 무너지면 성실 시공을 다짐하는 업자들의 결의대회가 이어지고, 은행에서 사고가 나면 은행원들이 '자정'을 결의한다. 경찰비리가 발각되면 경찰간부들이 오른손 들고 선서 한번 하고 나면 그걸로 끝이다. 그것으로 그 사회의 비리와 부패가 척결됐다고 믿는 국민은 하나도 없는데도 매번 그 모습을 꼬박꼬박 보도하는 언론이나, 일 터질 때마다 여전히 어깨에 띠 두르고 소리 높여 선서하면 그것으로 문제가 끝났다고 생각하는 조직과 집단들! 바로 이 '전시행정' 시대의 남겨진 포로들이다.

지금 우리에게 필요한 것은 슬로건이나 거기에 나와 있는 '정답'이 아니다. 우리 시대의 위기는 '정답'의 위기가 아니라 '실천'의 위기이다. "나는 난폭운전을 하지 않습니다"는 식의 남에게 보여주는 정답이 아니라 난폭운전을 하지 않는 개인적, 그리고 사회적 실천이 중요한 것이다. 정답은 이미 다 나와 있지만 실천은 전혀 다른 문제가 되어 있는 사회, 슬로건 따로 현실 따로 노는 사회는 아직 시민사회가 아니다. 동원체제의 잔재를 극복하고 자율적이고 실천적인 시민의식에 기반한 사회를 건설하는 일은 재벌개혁, 행정개혁, 언론개혁과 같은 우리 사회 주요 개혁과제와 함께 여전히 우리 시민사회에 주어진 중요한 과제이다.

〈1998년 6월〉

# 현실정치의 뻔뻔함, 정치학의 무기력

## 저자거리의 번잡함과 쓸쓸함

학계를 떠나 '속세'의 저자거리를 헤맨(?) 지도 이제 여러 해가 된다. '금의환향' 했다더란 옛날 선배들의 처지를 부러워하며 귀국한 후, '강사님'과 '교수님' 사이의 안정되지 못한 호칭에 멋적어도 해보고, '전임'교수들과의 술자리에서 어정쩡한 표정을 짓는 것도 점차 지겨워져갈 무렵 어떤 재벌그룹 산하 연구소의 '간부'가 되었다. 당시 그 재벌그룹 회장의 대통령 후보 출마로 기업에서도 나 같은 정치학도가 효용성이 있었던 모양이다. 국내정세의 흐름을 채 익히기도 전에 현실정치의 현장 속으로 급격히 빨려들어갔고 당시의 경험은 한국사회, 정치, 그리고 기업의 속내를 이해하는 데 매우 소중한 것이었다.

1992년 대선을 둘러싸고 1년 가까이 한 후보 캠프에서 겪은 일들, 특히 세계에 유례가 없던, 기업을 배경으로 한 정당 창당의 실험(이

32

것은 당시 아직도 대중정당의 경험이 없던 한국에서 참으로 기형적인 형태로 나타난 '위로부터의 대중정당'이었다. 해당 기업의 임직원뿐 아니라 일가친척까지 졸지에 정당원이 된 것이다)이라든가, 선거라는 '대목'을 맞아 이리저리 쏠릴 수밖에 없는 일부 정치학자들의 행태, 또 한국에서는 선거도 '산업'이 될 수 있는 현실 등은 참으로 흥미로웠다. 당시 보고 느끼고 경험했던 일들에 대해서 언젠가 한번은 정리해야 한다는 사명감도 있다. 정치학자로서의 사명감 말이다.

대선 패배 후 정치로부터는 '손을 씻기로' 한 기업(그 기업의 입장에서 보자면 결과적으로 '○○당'은 최대의 부실기업이 되고 만 셈이다) 안에서 나는 일없이 밥만 축내는 신세가 되었다. 아직 '정리해고'가 도입되지 않은 덕에, 또 '명태족'이 되기에는 '조직'에 바친 세월도 짧은 터수여서 이래저래 눈치밥 먹는 세월을 보내다가 스스로 '자유직업가'의 길을 택하게 되었다. 이후 사람들은 자신들의 편의에 따라 '시사평론가' '정치평론가' 또는 '방송인' 등의 직함으로 나를 부르게 되었다. 지금은 기독교방송에서 매일 저녁 두 시간씩 「시사 자키, 오늘과 내일」이라는 프로그램을 맡아 진행하는 것을 거의 주업으로 삼고 있는데 이 일을 해온 지도 3년 반의 세월이 흘렀다. 오늘은 비교적 풍파가 적었던 학계를 떠나 온갖 종류의 사람들이 어울려 살아가는 속세의 저자거리를 헤매며 느낀 점들, 지난 4년여 방송 저널리즘의 공간에서 주로 활동해오면서 느낀 문제의식들을 한번 털어놓고자 한다.

## 정치학자는 많아도 정치평론가는 드물어

매일 두 시간씩 우리 사회의 정치·경제·사회·통일·환경 등 각종 현안문제를 다루다보면 많은 전문가들의 도움을 필요로 하게 된다. 교수, 연구원, 기업인, 기자에서부터 각 분야의 시민활동가, 그리고 공무원들이 출연하여 현안에 대해 설명하고 토론한다. 프로그램 성격상 정치인들의 출연도 잦은 편이고 최소한 일주일에 한번은 정치평론 또는 정치시평식의 정치분석 코너도 마련된다. 이 대목에서 늘 어려움을 느낀다.

'한국정치연구회'가 한국정치학에 주는 자극과 역할이 여러가지가 있겠지만 정치평론 부분에서는 나름대로 일정한 역할을 하고 있다고 본다. 나도 정치평론가로 불려진다는 이야기를 앞에서 했지만 사실상 정치평론의 1세대는 김광식, 고성국 등이 아닌가 싶다. 대부분의 정치학자들이 '강단 정치학' 주변을 맴돌 때 이들은 젊음과 투지를 바탕으로 한국사회, 한국정치의 현실을 분석의 대상으로 삼았다. 참으로 이상한 일이 아니었던가? 왜 한국의 많은 정치학자들은 플라톤에서 몽테스키외, 또는 모겐소(H. Morgenthau)까지는 자주 언급하면서 당장 코앞에서 벌어지는 현실정치에 대한 분석은 정치부 기자들에게만 맡겨놓고 있었던 것일까? 하긴 한국대학의 정치학과 커리큘럼 자체가 그렇게 되어 있다. 70년대에 학위를 한 정치학자라면 거의가 국내정치와는 무관한 국제정치 쪽을 택하고 있는데 여기에서 '보신'과 '입신양명'의 냄새가 강하게 느껴진다면 지나친 독단일까?

권위주의 체제가 붕괴되고 국내 정치현실에 대해 이렇게 저렇게 얘기해도 되는 현재에 와서도 정치평론가의 공급은 그다지 확대되지 않고 있다. 당장 매일매일의 정치현안에 대해 정치학자를 섭외해야 하는 기독교방송 프로듀서들의 고충이 여간 아니다. '한국정치학회'에 등록된 정회원 수만도 1200명이 넘는다고 하는데 언론에서 도움받을 수 있는 정치평론가는 "가뭄에 콩"은 고사하고 "사막에 떨어진 바늘" 정도이다. 현실정치 분석을 여전히 별 영양가 없는 '속세의 것'으로 여기는 정치학자들의 오만 때문일까? 아니면 "한번 교수는 영원한 교수"일 수 있는 학계의 경쟁불감증이 갖고 오는 게으름 때문일까? 그도 아니면 한국의 저널리즘이 현상을 진실되게 규명하는 데 여전히 한계가 많다고 보는 미디어 불신에서 오는 것일까?

이유는 복합적인 것일 수도 있고, 위에 열거한 외의 이유들도 있을 것이다. 내 입장에서 중요한 것은 다른 분야는 몰라도 정치학만은 아카데미즘과 저널리즘 간의 상호 자극과 교류, 긴장이 특별히 필요한 분야가 아닌가 하는 것이다. 이것은 언론현장에서 봐도 그렇다. 현상을 보도·분석하는 저널리즘에서 단단한 이론적 틀을 갖고 문제를 보는 것과 그렇지 못한 것 간의 차이는 엄청나기 때문이다. 우리 언론이 '떼거리 저널리즘'의 명예스럽지 못한 비판을 받고 있는 것이 당장 이런 현실과 관계가 있다.

6, 70년대 냉전의 척박한 지적 풍토에서 끊임없이 우리들의 고정관념에 충격을 가해왔던 리영희 교수를 나는 책임있는 지식인의 한 전범으로, 스승으로 존경한다. 그는 타고난 저널리스트였다. 그러나 뿌리없는 현상만을 좇았던 것이 아니라 세계 전체를 보는 눈, 현실을 비판적·분석적으로 보는 그의 끝없는 승부 근성을 통해 현실

이 해석되었기에 그것이 우리에게 미친 영향과 충격은 대단했다. 그와의 한 인터뷰에서 물은 적이 있다. 스스로를 학자라고 생각하는지 아니면 저널리스트로 생각하는지. 그는 스스로를 60퍼센트 저널리스트, 40퍼센트 아카데미션이라고 했다. 하나의 주제를 갖고 오래 천착하는 것은 오히려 그의 성격에 맞는 일일지도 모른다. 그러나 그에게 유유자적한 학자적 삶을 허용하기에는 아마 그가 몸담고 살았던 시대가 너무 가팔랐을 것이다. 당장 대중에게 상황을 해설하고 계몽하는 것, 그리하여 현실을 다만 얼마간이라도 개선하는 것이 그가 관심을 갖고 해결해야 할 일이었을 것이다.

"글쎄, 시대도 많이 변해서 지금은 별로 가파른 시대도 아니고 당장의 현실변화에서 크게 기대할 것도 없고, 긴 호흡으로 미래를 봐야 하는 시대 아닌가?" 이렇게 얘기하는 사람도 있겠다. 당장의 현실에 일희일비하기보다는 장기적인 미래 변화의 패러다임을 모색해야 한다는 입장도 있을 수 있겠다. 또는 이런 얘기 자체가 기본적으로 '운동적' 시각이지 별로 '학문적' 논쟁의 주제가 못 된다고 생각하는 이도 있을지 모른다. 다만 속세에 몸담고 있는 사람으로 평소 느꼈던 것 한마디만 하라면 이렇다. "한국에서 정치학이란 것이 그렇게 유유자적한 학문이어도 좋은 것인지? 한국정치처럼 번다한 저자거리에서, 온갖 장사치들의 육두문자가 횡행하는 거리에서 정치학자들만 혼자 한가한 소리나 늘어놓고 있어도 되는 것인지……"

**뻔뻔한 정치, 한가한 정치학자?**

여기까지 이야기를 듣고는 어쩌면 억울해하거나 얼토당토않은 소리라고 흥분하는 사람들도 있을 것이다. 특히 '주류'에 편입되기를 거부하며 나름대로 현실적 대안을 모색하고 있다고 생각하는, 예를 들면 한국정치연구회 소속의 정치학자들 중에는 그런 느낌을 갖는 분들이 많을 것이다. 앞서 고성국, 김광식을 한국에서 직업적인 정치평론가 1세대라고 했지만 '반(半)직업적' 평론으로, 예를 들면 손호철-황태연 교수의 지역주의 논쟁 같은 것은 현실정치의 예민한 부분을 모처럼 아주 '고급스럽게' 다루었다는 점에서 주목된다. 이런 논쟁은 정치학을 '천상의 학문'이 아니라 '이땅의 학문'으로 만드는 중요한 계기가 될 뿐더러 정치학이 비생산적인 업종이 아니라 충분히 '산학(産學)협동'이 가능한 종목이라는 데 일반인들의 공감을 살 수 있을 것이다.

한국 현실정치의 뻔뻔함은 최근 계속되고 있는 내각제 논쟁에 잘 나타난다. 다원사회에 대한 믿음도 없이, 노동자의 정치세력화는 고사하고 보수적인 반대세력조차 포용 못하는 한국 정치현실에서, 순전히 권력분점이라는 정치적 계산만으로 내각제가 논의되는 것은 희극이다. 프랑스식 이원집정부제니 독일식 내각제니 하는 다른 나라의 권력구조가 정치인들의 입에서 나오고 있지만 이들이 극좌에서 극우까지가 정치적으로 공존하는 프랑스의 소위 '똘레랑스' 문화를 이해하고 있는 것인지는 지극히 의심스럽다. 독일식 내각제라고 하는 것도 노동자의 정치세력화가 이미 100년 이상의 역사를 갖고 있는, 기본적으로 보수와 진보란 기본틀 속에서 권력이 교체되고 정치가 운용되는 독일사회의 특성을 전제하는 것이지 단순히 여러 정당이 연합해서 정권을 잡았다더라 하는 식으로 이해되어서는 곤란하다. 문제는 우리 정치인들이 무식하거나, 아니면 프랑스나 독일 정치의 특성을 알더라도 자신들의 이해관계와는 별개의 것이어서 이런 점들을 의도적으로 무시하는지는 모르겠으나 어쨌든 뻔뻔하기는 마찬가지이다. 정치인의 무식은 용감한 것이기보다는 결국 뻔뻔함 쪽에 더 가까울 것이므로.

그런데 더욱 문제가 되는 것은 '제도권 정치학'에서 이런 문제에 대해 제대로 짚어주지 못하고 있다는 것이다. 과문한 탓인지는 모르겠으나 최근의 이 권력구조 문제에 대해 본격적인 분석작업을 시도한 것은 그나마 한국정치연구회가 펴낸 『정치비평』 2호가 시도한 권력구조 개편논쟁일 것이다. 연구자들의 이론적 검증작업 외에 대선주자 캠프와 사회운동단체들의 이 문제에 대한 입장을 둘러싸고 서면토론을 시도한 것은 매우 신선하게 다가온다.

결국 한국정치가 뻔뻔스러울 수 있는 것은 어느정도 정치학자들의 직무유기와도 관련이 있을 것이다. 현실정치가 뻔뻔하기 때문에 고상한 정치학이 무기력할 수밖에 없다는 푸념보다는 현실정치의 뻔뻔함과 천박함을 이론적으로 공격하며 한단계 높은 대안을 제시하는 것이 더욱 절실한 것이다.

요즘같이 스트레스 많이 받는 세상에 현실정치, 정치인은 좋은 안주감이 된다. 음주운전을 예사로 하고 심지어 교통단속에 걸려도 적당히 '쇼부'를 보는 데 익숙한 사람도 입만 열면 공무원의 부정부패에 흥분하고 정치인들을 성토하는 데 열을 올린다. '안 되면 되게 하는 데' 익숙해 있는 많은 사람들에게 여전히 정치와 정치인에 대한 성토는 정서적 자기치유에 유효하다. 이들을 비판하는 동안 자신은 '건전하고 양식있는 시민'으로 존재할 수 있기 때문이다. 그런데 문제는 이렇게 정치와 정치인이 모든 사람의 동네북, 심심풀이

땅콩이 되어 있는 가운데 정치학자까지, 그 빙 둘러서서 구경하며 손가락질하는 그 패거리 속에 끼여 있는 것은 아닌지 하는 의구심이 든다. 어쩌면 그 정치와 자기는 상관없다는 것을 증명하기 위해서도 패거리 속에서 더욱 핏대와 목청을 올리고 있는 것은 아닌지……

## 대선후보와 진돗개

요즘은 천지사방에서 대선후보들을 초청하여 토론하는 것이 유행이다. 텔레비전 토론은 우리가 예상했던 것보다 훨씬 더 선거국면을 지배하고 있다. 김대중 후보의 여론조사 1위나 급부상한 이인제 후보의 높은 지지율도 기본적으로 TV토론의 영향을 빼놓고 설명하기는 어렵다. '여당은 조직, 야당은 바람'이라는 종래의 등식도 급속히 허물어져가고 있다. 텔레비전 토론과 그에 이은 지지율 조사가 종래의 선거전 양식을 혁명적으로 변화시켜가고 있는 것이다.

현재 언론에서 일하고 있고 기독교방송의 대선후보 초청토론의 사회를 맡은 적도 있어 대선후보가 출연하는 프로그램은 가급적 모니터를 하고 있다. 어느날이었다. 이제는 금지되었지만 대선후보들이 토론 프로그램뿐 아니라 쇼 프로그램에도 출연하던 때였다. 뒤늦게 출마선언을 한 한 후보가 출연하는 아침 프로그램이 있었는데 시간이 다소 일러 다른 채널을 돌렸더니 진돗개에 관해 취재한 프로그램이 방영되고 있었다. 진돗개의 영리함, 한 주인을 섬기는 충직함, 먼곳에 갖다 떨어뜨려놓아도 반드시 집을 찾아오는 진돗개의 강한 귀소본능, 그리고 진도 주민들의 진돗개에 대한 애정과 신뢰,

이런 것들을 전해주는 프로그램이었다. 나는 점점 이 프로그램에 빠져들었다. 대선후보의 프로그램을 봐야 한다는 강박관념이 내내 나를 누르고 있었지만 그 진돗개의 매력으로부터 빠져나오는 것이 쉬운 일은 아니었다. 결국 그 대선후보의 아침 이야기는 뒷부분을 잠시 보게 되었는데, 두 프로그램의 선택을 두고 내가 갈등을 일으킨 이유는 이런 것이었던 것 같다. 우리는 담백하고 진실한 것, 뭔가 믿을 수 있는 것, 뭔가 오래 가는 것, 이런 것들에 목말라 있는 것이 아닌가? 한 시민으로, 또는 정치평론가의 입장에서 대선 후보들의 토론을 들으면서 때로 느끼게 되는 허망함. 자신들의 욕심을 적당히 미화하는 수사들. 정치인들의 숱한 변신. 여러 사람과의 약속을 휴지조각처럼 만들면서도 그런 행동이 '고뇌에 찬 결단'으로 수식되는 우리 정치현실에서 진돗개는 얼마나 아름답고 고귀한 것인가? 오래 전부터 생각해온 일이긴 하지만 나는 앞으로 욕할 일이 있을 때 가급적이면 개를 비하하는 욕을 삼가기로 했다.

## 정치인의 '고뇌에 찬 결단', 지식인의 '자유'

일부 정치학자들에게는 요새가 '대목'일 것이다. 대선을 앞두고, 더구나 5자 구도(五者構圖), 6자 구도가 이야기되는 현실에서는 각 후보진영의 인력쟁탈전이 그 어느 때보다 치열하다. 이런 판에 가장 동원에의 유혹을 많이 느끼는 것이 정치학자들이 아닐까 한다. 후보진영에서 볼 때 우선 그렇고, 갈고 닦은 자신의 전공분야가 평소에는 별로 시장성이 없다고 느껴온 정치학자들의 입장에서 봐도 그럴 것이다. 실제로 속세의 거리를 헤매는 내게도 많은 이들이 이런저런 접촉을 시도해온다.

학자들의 정치참여에 대해서는 그동안에도 논쟁이 많았으니 나름대로 입장들이 있을 것이다. 나 개인적으로는 정치학도 산학협동이 필요한 부분이라고 생각한다. 또 정치학이란 게 물리학이나 기계공학이 아닌, 어차피 '입장의 학문'인 바에야 소신에 따라 현장에 몸을 던져보는 것도 좋으리라 생각한다. 옷에 흙탕물 튈 것을 두려워해 언제나 지당한 소리만 하는 것도 사회적 역할분담에서는 중요하겠지만 진흙탕에 뒹굴게 되더라도 '실험'을 해보고 싶어하는 사람도 필요하다. 그러나 이럴 경우 문제는 '욕심'이 '소신'보다 앞서서는 안 된다는 것이다. 우리는 주변에서 이런 경우를 많이 보아왔다. 그냥 학계에 있을 때는 사회적 재생산 과정에 기여하는 몫은 별로 없어도 사회적으로 해악을 끼치는 일까지는 없었던 이들이 '현장'에 가서는 결국 욕심 때문에 몸을 망치는 일들을 종종 보아온 것이다. 학회에서는 '지역주의'니 '권위주의'니 '패거리 정치'를 욕하고 한국 정당정치의 후진성을 점잖게 비판하던 이들이 정당에 들어가서는 여전히 '줄서기'에 바쁘고 고질적인 '연고주의'에 따라 처신하는 모습들을 보면 정치학이란 게 옛날에는 '수신의 학문'이었다는 말에 전혀 동의할 수 없게 된다.

학계에 있건, 저널리즘에 종사하건, 또는 현실정치의 번잡한 현장에 있건 지식인들의 진짜 영향력이랄까, 상품가치는 '자유'와 '원칙'에 있는 것이 아닐까 생각한다. 패거리와 연고, 또는 보스에 얽매이지 않는 자유스러운 사고와 그게 어떤 것이든 일단 자기행동의 원칙을 정하면 그것을 지켜내는 멋, 이런 것이 정말 지식인의 언행에 설득력을 실어주는 것이 아닐까? 사실상의 변신과 배신을 '고뇌에 찬 결단'으로 말을 바꿔 장난치는 일을 지식인의 능력으로 오인해서는 곤란할 것이다.

어디선가 이렇게 얘기하는 소리가 들려온다. "한국의 현실정치에서 제멋대로, 하고 싶은 대로 하라니, 도대체 현실을 모르는 한가한 얘기를 하고 있다"고. 글쎄 그렇다면 차라리 안하면 되지 않을까? 사람은 결국 자기가 하고 싶은 일을 하게 마련이다. 자신의 말 바꾸기와 입장 변화를 현실정치의 불가피성으로 변명하는 사람은 정직하지 못하다. 그런 줄 모르고 들어갔단 말인가? 만약 그렇다면 그는 현실과 전혀 관계없는 허구를 배우고 가르친 '실패한 정치학자'일 것이다. 알고 들어갔다면 그는 '소신'을 거창하게 내세우기보다는 솔직하게 자신의 욕심에 대해 말하는 것이 그나마 사람들의 이해를 구하기가 더 쉬울 것이다.

바야흐로 정치학자들에게는 '대목'이고 '동원'의 계절이다. 이 캠프 저 캠프에서 낯익은 얼굴들을 간혹 보게 된다. 멋적다. 동참을 권유하는 그들의 목소리에는 왠지 옛날 '학회'에서의 그 당당함이 느껴지지 않는다. 패거리에 묶인 그의 목소리는 누구 눈치도 보지 않던 옛날의 그 목소리가 아닌 것이다. 패거리에 묶인 지식인, 그것은 마치 부도난 어음처럼 허망한 모습이 아닐까? 그 액면가치를 아무도 그대로 믿어주지 않는, 그런 휴지조각 같은 모습은 아닐까?

어떤 이들에게는 바야흐로 '격전'의 계절이 오고 있다. 그 전투의 끝에 그들은 또 어떤 모습으로 우리 앞에 나타나게 될지…… 오늘도 번잡한 속세의 저자거리를 오가며 생각해본다.

〈1997년 12월〉

# 패거리 정치, 이대로 좋은가

## 패거리 정치와 끼리끼리 사회

우리 사회가 '끼리끼리' 어울리는 사회라는 데는 아마 많은 이들이 동의할 것이다. 모르는 사람들 사이에는 그렇게도 분위기가 살벌하다가도 상대방이 자신과 같은 고향 출신이라거나 같은 학교를 나왔다거나, 또는 군대생활을 같이 했다거나, 심지어는 종씨라는 것만 확인해도 금방 태도가 바뀐다. 어려운 상황에 빠졌을 때 '사돈의 팔촌'이라도 아는 사람을 만났을 때는 훨씬 상황이 부드러워진 기억을 웬만한 사람들은 한번쯤 갖고 있을 것이다. 하다 못해 교통위반 딱지를 떼는 경찰관에게도 그 짧은 시간에 사람들은 가능한 한 그와의 연고를 찾아내려고 노력한다. 입사시험에서 필기시험까지 통과하고 면접절차만 남은 경우에 많은 사람들은 회사 고위관계자와의 '연줄'을 찾아보려 이리저리 뛰는 것으로부터 고단한 사회생활을 시작하기도 한다.

아는 사람에게는 대단히 너그럽지만 모르는 사람에게는 철저히 잔인한 사회, 이것이 우리 사회의 한 모습이다. 이런 사회에서 '안면몰수'라는 말은 경우에 따라서는 마치 중세 교황의 '파문장'처럼 대단히 으스스한 느낌을 주기도 한다.

아는 사이에는 너그러우나 모르는 사이에는 매우 공격적인 이런 사회구조는 그러나 따지고 보면 봉건사회, 또는 농경사회의 잔재이다. 서로가 서로에게 익명(anonym)으로 존재하는 시민사회에서는 개인간의 친소관계에 따라서가 아니라 사회적 계약과 약속인 법률과 각종 공적 제도에 의해 사회가 굴러간다. 이 사람에 대한 법 적용이 다르고 저 사람에 대한 법 적용이 다를 수 없다. 다수 사회구성원의 계약에 의해 만들어진 시민사회에서는 그래서 '법치주의' '법 앞의 평등'이 기본원칙이 된다. 반대로 그렇지 못한 사회가 바로 봉건사회인 것이다.

사회가 신분적 위계질서에 따라 조직되어 있던 조선조 사회에서 특히 지배계급은 자신들의 지배구조를 튼튼히 하기 위해 양반 이외의 계급에 대해서는 철저히 배타적인 태도를 취했다. 한편 양반계급 내부에서는 제한되어 있는 관직을 차지하기 위한 경쟁이 매우 치열했는데 여기서 '패거리'는 매우 중요했다. 어느 패거리에 소속되느냐에 따라 그의 출세여부가 결정되는 사회였기에 명문세도가의 사랑채에는 식객이 끊이질 않았다. 노론이냐 소론이냐, 남인이냐 북인이냐에 따라, 안동 김씨 쪽에 붙느냐 풍양 조씨 쪽에 줄서느냐에 따라 그의 인생이 결정되었기에 내로라 하는 지식을 자랑하는 야심가들에게도 이 '식객' 코스는 필수로 거쳐야 하는 과정이었다.(이 식객의 후예들은 오늘날 현실정치에서도 여전히 두각을 발휘하고 있다. 이른바 '측근'이나 '실세' '중진'으로 일컬어지는 이들이 그런 것이 아닐까. 언론에서는 이들을 통틀어 아예 '가신'이라고 부르고 있지만.)

경쟁이 심하다 보니 한 선생 밑에서 같이 배운, 이른바 동문수학한 이들은 패거리 중에서도 가장 믿고 의지할 수 있는 대상이 되었다. 이 봉건사회의 '동문'문화, 이것은 오늘날까지도 우리 사회의 진정한 근대화를 가로막는 아주 암적인 존재로 남아 있다. 당장 보라! 국회 하나 여야 합의로 열지 못하는 정치권은 서로에게 책임을 전가하며 아주 원색적인 비방전을 펼치고 있지만, 그런 기사가 실려 있는 신문의 다른 한쪽에는 '○○대학 출신 국회의원 당선자 모임'이니 '××고등학교 출신 당선자 모임'이란 것이 큼지막한 사진과 함께 버젓이 실려 있다. 대개 고급호텔 같은 곳에 모여서 밥 먹고 함께 찍은 사진을 보면 가관이다. 평소 정치권에서는 서로 견원지간인 것처럼 싸우던 인사들도 여기서는 동문의 이름 아래 사이 좋게 웃으며 서 있는 것이다. 대학 출신별 당선자들의 사진을 유심히 보면 이 대학, 저 대학 모임에 번갈아 얼굴을 내미는 사람들도 적지 않다. ㄱ대학을 나오고 ㄴ대학원을 나온데다 대학 부설 무슨 특수대학원의 무슨 과정을 나온 사람은 이 세 군데 대학 모임에 다 얼굴을 내민다. 이 사회에서는 아주 당연스러운 일이다. 조그만 연줄과 안면만 있어도 이 사회에서는 무시할 수 없는 자산인데 동문이란 가장 만만한 연줄이기 때문이다.

정규대학 학력이 없거나 시원치 않은 사람의 경우에는 더 바쁘다. 각 대학들이 경쟁적으로 만들고 있는 각종 특수대학원의 무슨무슨 과정이라고 하는 데를 부지런히 다녀야 하기 때문이다. 무슨 고위

지도자 과정이니, 무슨 정책개발 과정이니, 최고경영자 과정이니, 과정은 끝없이 많다. 그 바쁜 와중에도 이렇게 열심히 과정을 이수한 이들의 '향학열'은 정말 높이 사줄 만하다.

패거리를 만들고 연줄을 만들려는 이 지극한 향학열. 이 에너지가 만들어내는 것은 그러나 과연 어떤 것들일까? 결국 끼리끼리, 패거리를 지어 '해먹는' 문화를 만들어낸 것이 아닐까?

한국사회를 자조적으로 말하는 이들은 "되는 일도 없고 안 되는 일도 없는" 사회란 표현을 한다. 정상적으로 하자면 되는 일이 없지만, 비공식적으로 '뚫어보면' 또 어떻게든 '일이 풀리는' 사회란 얘기다. 이것 역시 봉건사회적 특징이다. 근대 시민사회가 오랜 기간에 걸쳐 성장하고 법치주의가 확립된 이른바 '선진국'들에서는 분명히 '되는 일은 되고, 안 되는 일은 안 되게' 되어 있다. 만약 이 법칙을 넘어서려고 하면 그게 타나까가 됐든, 닉슨이 됐든, 아니면 몇십년간 권력의 정점에 있었던 이딸리아의 안드레오띠가 됐든 법의 심판을 받게 되어 있다.

필자가 11년간의 독일 체류중 가장 당황한 것은 관청으로부터 "안 된다"는 답변을 들을 때였다. 웬만한 일은 구비서류나 자격요건을 갖추면 시일이 걸리더라도 되지만 기본요건이 안 될 때는 정말 안 되는 것이다. 그러나 한국에서의 경험을 되살려보면 우리는 관청에 가서 어떤 일이 "안 된다"라는 답변을 들었을 때 그것이 정말 안 되는 일이라는 절망감을 느끼게 되지는 않는 것 같다. 워낙 "안 되면 되게 하라"는 군대문화에 익숙해온 탓도 있지만 얼마든지 '뚫어볼 수' 있는 구멍이 있다고 느끼기 때문이다. 온갖 아는 연줄과 인맥을 동원해서라도 일을 성사시키려고 한다. 그 일에 특히 대단한 이권이 걸려 있는 경우에는 말할 것도 없다. 돈이면 되지 왜 연줄과 인맥이 필요하냐고 물어올 독자가 혹시 있을지도 모르겠다. 그러나 이 사회에서는 돈만 있다고 바로 거래가 성사되는 것은 아니다. 이른바 '다리'를 놓아줄 사람이 있어야 하기 때문이다. 심심찮게 언론에 오르내리는 청와대 사칭, 또는 고위층 사칭 사기사건 등은 바로 이 '다리'를 건설하고자 하는 수많은 사람들의 집념 때문에 끊이지 않고 반복되는 것이다.

## 문화혁명이 필요하다

법이나 사회적 원칙보다 연고가 더 위력을 발휘하는 사회, 법치주의보다 더 강력한 연고주의, 이것이 사실상 오늘날 지역주의보다 더 심각하게 우리 정치발전을 가로막고 있는 존재인 것이다. 그리고 우리 정치의 병적 현상으로 이야기되는 지역주의는 이 연고주의의 한 부분적 현상일 뿐이다. 원칙과 합리성 위에 군림하는 안면과 연줄을 타파하지 않고 21세기는 힘들다.

법원의 뿌리깊은 관례가 된 '전관 예우'. 퇴직 고위관리를 경쟁적으로 '모셔' 가서 관청과의 로비에 써먹으려는 기업 풍토. 모두 합리적인 절차와 내용을 통해서보다는 안면을 통해 문제를 풀어보려는 우리 사회의 비정상적 구조를 보여주고 있다.

'끼리끼리' '패거리'를 중시하는 사회풍토는 젊은 세대에도 그대로 이어지고 있다. 한때 신문지면을 장식했던 대학 신입생 환영회에서의 불상사들—나이 시비, 학번 시비가 끝내는 살인까지 저지르게 만든—도 따지고 보면 봉건적인 패거리 문화가 만들어낸 것이다. 학번이 높은 선배에게 반말을 했다거니, 나이가 동갑인데 왜 선배라고 꼭 존대말을 써야 하냐느니 하는 시비를 벌이다가 급기야 는 사람을 죽이는 데까지 발전한 것이다.

하드웨어를 바꿨다고 소프트웨어까지 자동적으로 따라가는 것은 아니다. 우리 사회의 진보와 민주화를 위해 바꾸어야 할 제도도 많 지만 그것 못지않게 개혁되어야 하는 것은 문화다. 아무리 제도적 으로 민주화가 되면 뭘 하나? 사회적으로는 여전히 자기보다 나이 어린 사람, 하급자, 힘이 약한 여성이나 노약자, 장애자를 무시하고 군림하려 드는 풍토가 일반화되어 있다면…… 월드컵 공동개최를 하게 됐다고 마치 '선진국' 진입이 눈앞에 온 것처럼 흥분하던 매스 컴의 다른 구석에는 월드컵 개최 축하행사가 열렸던 잠실운동장에 관객들이 버리고 간 쓰레기더미를 고발하는 기사가 나란히 실려 있 다. 정말 우리는 몸은 '펜티엄'급인데, 머리 즉 문화는 286수준인지 모른다.

우리에게 진실로 필요한 것은 이제 정치혁명이 아니라 문화혁명 이다. 합리성과 합목적성, 그리고 사회적 약속과 규율에 따라 사람 들이 행동하는, 그래서 많은 일들이 예측가능한, '되는 일은 되고 안 되는 일은 안 되는' 페어플레이의 사회를 만들기 위해서는 문화 혁명이 일어나야 한다. 그리고 이 문화혁명의 회오리가 시대를 훨 씬 뒤처져오는 정치권을 삼켜버려야 한다. 패거리와 끼리끼리라는 봉건적 문화를 뛰어넘지 못하고는 정치개혁도 사회개혁도 모두 허 망한 일이 되어버리고 말 것이다.

〈1996년 7월〉

# 요즘 이 나라는

대검중수부는 95년 12월 5일 노태우 전 대통령이 재임중 4,189억여 원의 비자금을 조성한 사실을 밝혀내고 이중 2,838억여 원에 대하여 특정범죄가중처벌법상 뇌물수수죄를 적용, 구속 기소했다. 서울 지검은 96년 1월 13일 전두환 전 대통령이 재임중 각종 성금 등 모두 9,500억 원의 돈을 받고 비자금을 조성한 사실을 밝혀내고 이중 2,159억여 원에 대해 특가법상 뇌물수수죄를 적용, 구속 기소했다.

### 간 커진 보통사람들

얼마 전 어떤 분과 함께 점심식사를 하게 되었다. 식사 후 그분이 밥값을 내게 되었는데 천원짜리를 5천원짜리로 알고 잘못 내었다. 돈을 확인한 주인이 4천원을 더 요구하였는데 그분이 4천원을 다시 지불하면서 하는 말이 걸작이었다. 요즘 누구는 4천억 가지고 얘기하는데 좀스럽게 뭐 4천원 정도 가지고 그러느냐는 얘기였다. 주인도, 그분도, 나도 다같이 웃고 말았다. 비자금이라고 해봐야 아내 몰래 '꼬불쳐보는' 1, 20만원에도 가슴 조려야 하는 이 시대 대부분의 샐러리맨들에게, 아니면 남편이 가져다주는 뻔한 생활비에서 한 푼 두 푼 줄여 집안 대소사에, 주변의 '그늘진 곳'을 살펴야 하는 이 시대 보통 주부들에게 4천억이니 5천억이니 하는 얘기는 밥 먹다가도 그만 숟가락을 놓게 하는 것이다. 그래서 한 개 2백원씩 내놓고 팔던 붕어빵 장수는 '미친 척'하고 정가표를 2백억으로 고쳐 쓰는가 하면, 열받은 보통사람들은 음주단속의 서슬이 시퍼런 금요일 저녁에까지 진탕 마시고 차를 몰아보는 것이다. 집 한칸 마련해보겠다고 아이 낳는 것까지 뒤로 미루면서 맞벌이 전선에 나섰던 어떤 젊은 부부는 자신들의 삶이 갑자기 한심하고 썰렁하게 느껴져서 저녁 설거지만 끝나면 곧바로 침실로 가기로 했다고도 한다. 자신이 가진 몸뚱이와 머리에 의지해서 하루 24시간의 그물코를 촘촘하게 메워오던 많은 보통사람들이 열받고 흥분하고 간이 커지는 요즘, 과연 이 나라는 어디로 가고 있는가?

## 옛날이 차라리 나았다

"우리는 이승만이나 장면 정권 때 정치비자금이란 말을 들어보지 못했다." 지난 정권의 비리나 5·18문제 등에 대해 침묵을 지켜오던 대부분 언론이 요즘 비자금 사건과 관련해서는 매우 강경(?)해졌다. 위의 글은 어느 신문 사설의 한 구절인데 이 사설은 이어서 기업인들에게 성금을 강요한 노태우씨가 리베이트를 주고받는 것이 관행화되어 있다는 주요 국책사업에서 과연 가만 있었겠느냐는 의문을 제기하고 있다. 기업인 성금 외에도 상당한 돈을 무기 개선사업 등과 같은 대형 국책사업에서 챙겼을 것이라는 의혹을 제기하고 있는데 많은 국민들의 생각도 이와 같다.

못살던 옛날에는 '해먹어봐야' 고작 기름 빼먹고 장병들에게 돌아갈 주·부식 빼먹는 수준이었다면 이제는 한 대에 몇천만 달러씩 한다는 전투기 몇십대를 흥정하고 한 기에 십수억 달러의 건설비가 들어간다는 원자로 건설을 흥정하는 수준이 되었으니 '사업'의 스케일이 완전히 달라졌다. 그리고 옛날에야 이렇게저렇게 빼돌린 돈으로 집도 사고 진급심사 때마다 '정치'도 하면서 정말 '품위 유지'에 필요해서 그랬다고 둘러댈 수도 있겠지만 이제는 그럼 세계화시대가 됐기 때문에 남는 돈 스위스 은행에 좀 넣어두었다고 이야기 할 것인가? 쥐꼬리만한 월급에도 꼬박꼬박 갑근세 떼이며 등골이 휘어지는 민초들, 현역 가라면 가고, 예비군 받으라면 또 동원예비군부터 열심히 받으면서 나이 들어서는 새벽 민방위까지 착실하게 나가는 장기판의 졸 같은 보통사람들 입장에서는 정말 해도 너무하는 것이다. 차라리 '해먹는'다고 해봐야 해먹을 게 비교적 뻔했던 못살던 옛날이 더 나았을지도 모르겠다. '억' 소리에 열받을 일은 상대적으로 적었을 테니까 말이다.


**"믿어주세요!" "뭘?"**


직접 통계를 내본 것은 아니지만 한 나라의 물가인상율(인플레이션)과 그 나라 정치가들의 신뢰도 사이에는 어떤 상관관계가 있는 것 같다. 선진국이라는 나라들일수록 물가도 안정되어 있고 정치인들의 말도 비교적 믿을 만하다. 그러나 유럽에서도 물가가 불안하고 화폐가치가 지속적으로 떨어져온 이딸리아 같은 나라에서는 정치인들의 시세가 요즘 말이 아니다. 몇번씩이나 총리를 지낸 인물들 중에서 하나는(베띠노 끄락씨) 여기저기서 '해먹은' 죄로 징역 8년을 구형받은 채 튀니지에 도망가 있고, 다른 하나는(줄리오 안드레오띠) 지금 공판을 기다리고 있다. 그들이 총리직에 있을 때 거룩하게 내뱉었던 말들을 이제는 믿는 사람이 아무도 없다. 프랑스는 미국이나 독일보다는 다소 경제가 불안하지만 그래도 유럽 강대국으로서의 자존심이 있는 나라다. 그래서 자리를 이용해 '해먹었다'는 혐의를 받았던 베레고브와 전 총리 같은 사람은 수치심을 이기지 못하고 권총 자살을 했는지도 모르겠다.

그토록 국민을 향해 "믿어주세요"를 외쳤던 어떤 인물은 끝내 믿어서는 안 될, 아니 안 되었을 인물로 드러났다. 그가 명예를 그토록 소중히 여긴다는 육군사관학교에서 받았다는 교육, 특히 그 학교는 생도들에게 '거짓말 하지 않기'를 명예교육의 으뜸으로 가르친다는데 어떻게 그런 인물을 배출하게 되었는지 모를 일이다. 그는 육군대장으로 예편했다니까 권총 한 자루쯤은 기념품으로 가지고 있을 법도 하다. 군인이라면 목숨보다 더 소중히 여긴다는 자신의 명예를 지키기 위해 그는 한번쯤 그 호신용 권총을 써볼 생각을 해보지 않은 것일까.

### 결국 돈이었구나

세상에서 가장 잘 참는다는 그가 위대한 보통사람의 시대를 열겠다고 한 것도 지나고 보면 결국 돈 때문이었던 것 같다. 그야말로 맨주먹으로 시작해서 불과 5년 대통령 임기 동안에 적어도 5천억 이상의 돈을 긁어모았던 그는 정말 위대한 보통사람이 아닐 수 없다.

사람들은 소학교밖에 못 나오고 공사판을 전전하면서 오늘날 우리나라 굴지의 재벌회장이 된 어느 노인을 기억할 것이다. 그가 이 나라까지 위탁경영을 해보겠다고 나섰을 때 많은 사람들이 맨주먹으로 시작해서 수많은 기업을 일으킨 그의 능력에 기대를 걸어보기도 하였다. 그러나 그도 5년 재임기간에 그렇게 많은 돈을 챙길 수 있었던 노태우씨에 비하면 아직도 사업의 노하우가 더 필요한 사람이었다. 아니, 아니면 정주영씨 자신 대통령 자리라는 게 그 어떤 기업보다 단기간에 많은 수익을 낼 수 있는 사업이라는 것을 경험상 알고 있었기 때문에 그 자리에 도전했던 것은 아닌지.

모든 것이 혼란스러운 시대이다. 말이라는 것이 더이상 진실성을 갖지 못하고 구호와 현실이 따로 노는 사회에서 그래도 보통사람들은 애면글면 그들의 피곤한 일상을 이어온 것이다. '정의사회 구현'을 골목골목 붙여놨던 시대에 우리는 아예 콧방귀도 뀌지 않았다. 광주학살의 진상이 꽁꽁 묻혀져 있는 현실에서 무슨 놈의 정의사회인가? 광주에서의 피가 채 마르기도 전에 대통령에 취임했던 전두환씨의 취임사 또한 걸작이었다. 그는 근엄한 표정으로 "빈곤으로부터의 해방, 전쟁 위협으로부터의 해방, 정치적 억압으로부터의 해방"을 선언하였다. 이른바 명문고와 명문대를 나왔을 어느 지식인류가 써준 글을 그대로 읽은 것이겠지만, 읽더라도 그 뜻을 제대로 이해하고 읽었을까? 벌써 십수년 전의 일이지만 내게는 여전히 의문스러운 일이다.

어쨌든 그렇게 많은 사람의 시체를 밟고 권력의 정상에 올라섰던 그도 퇴임시에는 '쓰다 남은 돈' 백 몇십억 원인가를 내놓고 갔다. 훗날 우리의 후손들이 5공과 6공의 차이점에 대해 물어온다면 뭐라고 설명해줘야 할까? 글쎄 5공은 쓰다 남은 돈이 백 몇십억 정도밖에 안되는 '조막손' 정권이었고 6공은 그게 최소 몇천억은 됐던, 스케일 컸던 정권이라고 설명해야 할까? '불순세력'에 의한 광주사태 등으로 '누란의 위기에 처한' 국가안보를 확고히하기 위해 지나가는 시외버스에까지 마구 총을 갈겨댔던, 그리하여 '정의사회'를 이룩하고 '위대한 보통사람의 시대'를 구현하겠다고 그렇게 애를 썼던 그들이 그래 지나놓고 보니 결국은 그랬구나. 돈 때문에 그랬던 것이구나.

아무리 장기판의 졸 같은 인생들이라지만 이렇게까지 당하고, 이렇게 속고 살아도 되는 것인가? 생각하면 생각할수록 스스로가 한심하고 또 한심하다.


## 노태우는 가롯 유다가 될 것인가?


노태우 비자금이 우리 사회에 던져준 질문을 나는 다음 몇가지로 생각해본다. 첫째는 우리 정치자금에 관한 '관행'의 문제이다. 둘째는 정치판의 도덕성에 관한 문제이다. 셋째는 21세기가 얘기되고 세계화가 논의되는 시대에 이런 '4류정치'로 과연 얼마나 더 이 사회가 지탱될 수 있을 것인가 하는 것이다.

노태우씨는 대국민 사과 기자회견에서 '통치자금'을 모으게 된 것을 관행으로 설명하려 하였다. 그러나 1년에 수백억 원의 정치자금이 국고에서 지출되는 지금에 와서까지 이런 관행을 강변하는 것은 이제 설득력이 없다. 더구나 사회적 통합을 이루어내는 기본적인 기능은커녕 당파적 당리당략에 따라 흰 것도 검다 하고 검은 것도 흰 것으로 둔갑시키는 현재와 같은 정치판에서, 정치가 사회적 갈등과 분열을 확대재생산해내는 소모적인 것이 되고 있는 현실에서 말이다.

우리나라 정당정치를 좀 안다고 하는 사람들은 우리나라 정당이 몇몇 보스에 의해 움직이는 '보스정당' 또는 '파벌정당'이라고 한다. 그런데 이런 보스정당이 가능한 것은 기본적으로 정치지도자들이 (여야를 막론하고) 공천권과 돈줄을 쥐고 있기 때문이다. 여당의 최고지도자(바로 대통령)는 '비자금'을 적절히 푸는 것으로써 자신에 대한 여당인사들의 충성심을 확보하였고, 여당보다 정치자금 조달이 훨씬 어려운 야당지도자들은 온갖 수를 다 동원해서라도 돈을 만들어내야 자신의 파벌을 유지할 수 있었다. 야당지도자가 된다는 것은 곧바로 자금조달에 있어서도 남보다 여러 수 위에 있다는 것을 의미하는 것이었는데 야당의 이런 자금조달 과정에서 소위 '사꾸라 논쟁'이 나오기도 하였다. '낮에는 야당, 밤에는 여당'이란 말도 나왔다. 사꾸라 논쟁에 휘말렸던 야당의 대표적 인물 가운데 하나가 '40대 기수들'에 밀려난 유진산이었다.

그러나 이런 식의 밀실정치, 보스정치는 바로 한국정치의 후진성을 상징해주는 것들이다. 돈 안 드는 정치, 공천권이 당의 공식기구에 돌려지는 민주적인 정당, 선거가 국가관리에 의해 싸고도 엄정하게 치러지는 모습. 이런 것은 우리보다 민주주의, 자본주의, 정당정치가 훨씬 발달한 서유럽 정당들에서 볼 수 있는 모습이다. 온갖 것을 다 외국에서 수입해 들여오면서 이런 것들은 왜 안 들여오는지 모르겠다. 최소한 수입대체 노력이라도 있어야 할 것 아닌가? 이런 것들을 만들기 위해 우리나라에서도 이제는 유권자가 더 적극적으로 나서야 할 때다.

관행에 따라 5천억을 만들었다는 인물을 법에 따라 엄중처단해야 한다. 아울러 표적사정이니 뭐니 하면서 야당 일각에서 나오는 소리, "몇천만원밖에 안 해먹었고, 또 지금까지 정치권에서의 관행이 있었는데 야당이기 때문에 당한다"는 투의 이야기는 유권자를 완전히 핫바지 저고리로 만드는 이야기이다. 야당이라고 해서 무슨 짓을 해도 관용을 베풀어야 한다는 것은 국민정서와는 너무나 거리가 먼 이야기이기 때문이다. 야당이 지금 무슨 독립투쟁을 하고 있는 것도 아닌데 말이다.

가장 믿을 수 없는 말이 정치인이 하는 말이라는 데 많은 사람이 공감하고 있다. 이런 한국적 현실에서 정치인의 도덕성 운운하는 것은 현실감이 다소 떨어지는 이야기일지도 모른다. 그러나 사회 각 부문이 전문화되어가고 정보화 속도가 비약적으로 빨라지는 국제경쟁의 현실에서 정치가 여전히 '예측 불가능한' 부분으로 남아 있어서는 우리가 살아남을 수 없다. 무능한 정치도 안 되지만 부패한 정치는 더더욱 안 된다. 경제에 얹혀서 무위도식하는 정치, 경제의 발목을 잡아왔던 정치로는 치열한 국제경쟁에서 이길 수 없다.

무능한 4류정치를 추방하고 예측이 가능한 정치를 갖기 위해서는, 그리고 정치가 국민을 이끄는 것은 고사하고 최소한 국민의 짐이 되지 않기 위해서라도, 더 전문화되고 도덕적으로 깨끗한 인물들이 우리 정치계에 많이 등장해야 할 것 같다. 기존 정치의 흙탕물을 뒤집어쓰더라도 끝내는 자신의 능력과 도덕성으로 이 흙탕물을 정화해낼 수 있는 새로운 양심세력이 정치일선에 많이 진출해서 정말 새로운 정치판을 한번 짜보았으면 좋겠다. 만약 이런 것이 가능하다면 5천억의 신화로 우리 가슴에 불을 지피고 우리의 간덩이를 붓게 했던 노태우씨는 예수를 팔아넘김으로써 역설적으로 새 시대를 여는 역할을 했던 가룟 유다와 같은 존재가 되는 것이 아닐까 하는 생각을 해보게 된다.

〈1995년 12월〉

# 한국사회의 정치적 정신분열증

## 무덥고, 그리고 지루했던 여름

정말 지루한 여름이었다. 계속되는 무더위와 가뭄, 그리고 뒤이은 태풍. 우리를 짜증나게 했던 것은 그것만이 아니다. 김일성 주석 조문논쟁으로 야기된 사회적 대립, 그리고 결국은 한판의 코미디로 끝나고 말았던 박홍 신부의 주사파 발언이 몰고 온 '마녀사냥' 등을 지켜보면서, 왜 우리만 언제까지 이렇게 낙후되고 소모적인 논쟁에 민족의 귀중한 역량을 낭비해야 하는가 하는 탄식을 금할 수 없었다. 그리고 그러한 사회적 혼란을 조장 내지는 방치하고 있는 현정부의 무능과 무정견을 보면서, 어쩌면 우리는 가장 위기의 시대에 가장 위기에 훈련되어 있지 않은 정부를 갖고 사는 것은 아닌가 하는 의문을 갖게 된다.

무덥고 짜증스런 여름을 보내면서 딱히 '정치적 우울증'이라고밖에는 볼 수 없는 증상을 앓고 있는 사람들을 주변에서 만나게 된다.

세계사의 흐름도 짚어볼 줄 알고, 우리 민족이 처해 있는 분단현실을 나름대로 과학적으로 인식하고 있다고 생각하는 지식인들 사이에서 주로 보이는 현상이다. 우리가 어떤 방향으로 나아가야 한다는 것은 짚어내고 있지만 우리 현실이 전혀 그와는 반대 방향으로, 아니면 우왕좌왕하고 있는 현실에서 평론 이상은 어떻게 해볼 수 없는 지식인들의 좌절감과 한계의식이 빚어내는 우울증이 아닌가 한다. 그들의 시각에 의하면 이땅에서 우익은 너무 완고하고 우둔하며, 좌익은 현실의 땅에 발을 딛고 있지 못한 것처럼 보인다.

'정치적 정신분열증'을 앓고 있는 듯이 보이는 사람들도 있다. 남북관계가 한두 달 사이에만도 벌써 '전쟁'과 '회담' 사이를 몇번씩이나 엎치락뒤치락 오가는 상황에서 심지가 굳지 못한 사람이라면 뭐가 뭔지 영 헷갈리게 된다. 정신분열증은 상호 대립, 모순되는 극단적인 현상들이 동시에, 또는 짧은 시간에 반복적으로 한 개인에게 일어날 때에 발병 가능성이 높은 것으로 알고 있다.

### '새는 좌우의 날개로 난다'

"진보의 날개만으로는 안정이 없고, 보수의 날개만으로는 앞으로 갈 수 없다. 좌와 우, 진보와 보수의 균형잡힌 인식으로만 안정과 발전이 가능하다."(리영희, 『새는 좌우의 날개로 난다』, 「머리말」)

최근 우리 사회의 지배세력은 '주사파' 등을 내세워 좌파에 의한 사회위기론을 확산시키려 하고 있다. "사제적 양심"에 따라 이 사회에 경각심을 불러일으키고자 했다는 박홍 신부의 말에 따르면 주사파는 이제 과격 학생운동뿐 아니라 정계·언론계·종교계에도 광범하게 퍼져 있고 야당뿐 아니라 여당에까지 "침투"해 있다고 한다. 어느 군소야당의 한 공동대표는 과거의 주사파는 불문에 부치고, 현재의 주사파는 단호히 척결해야 한다고도 한다. 교수들은 다 빨갱이 같고, 어떻게 해서 들어간 대학인데 혹시 자식놈은 군대 안 가기 위해 손가락, 발가락까지 마구 자른다는 그 주사파에 물든 것은 아닌지…… 그저 신문·방송에서 이야기되는 대로 세상이 돌아가고 있겠거니 믿으며 하루하루의 삶을 이어가는 이땅의 '선량한' 시민들의 입장에서는 뭐가 뭔지, 세상이 온통 빨갱이 천지인데 어째서 이 사회가 여태 '적화(赤化)'되지 않고 유지되고 있는지, 공안당국은 무얼 하고 있는지 두루 궁금하고 두려울 뿐이다.

우리 사회에 우파가 존재한다면 아마 좌파도 존재할 것이다. 보수와 진보, 우와 좌의 위상도 영원불변한 것은 아니다. 오늘날 러시아에서는 골수 공산당원이 보수우파로 분류되고 있는 반면 자유시장경제를 옹호하는 세력이 새로운 진보세력으로 추앙받고 있다. 기존질서의 유지·옹호에 집착하는 세력이 보수우파 세력이고 뭔가 새로운 체제·질서를 요구하는 쪽을 진보 내지는 좌파세력으로 구분한다고 할 때, 이땅에 지금 심각한 위기를 조성하고 있다고 일컬어지는 주사파는 과연 좌파이며 진보세력인가 하는 의문도 든다. 50년 가까이 이어져온, 사회주의를 빙자한 봉건왕조의 유지·계승에 여전히 국력을 쏟아붓고, 인간이 만물의 주체가 되고 세상에 부러울 것 없다는 지상낙원에서 "전 인민이 흰 쌀밥에 고깃국 먹으며 기와집에 사는" 그림이 여전히 이루어질 수 없는 사랑으로 노래되고 있는, 그런 체제를 따라 배우자는 것이 어찌 진보이며 "근로계급의 유일적 영도사상"이 될 수 있겠는가?

　주사파 이야기를 한다는 것이 지금은 다소 우습게 되었지만 여전히 그 위력을 신봉하는 사람들이 있다니까(주사파가 한국사회를 변혁시킬 것이라는 믿음이 이땅의 반공수구세력으로부터 나온다는 점은 놀랍다) 이야기한다면, 주사파는 북한정권의 성쇠와 운명을 같이 할 것이다. 북한정권의 성공은 일정한 정도 주사파의 생존을 보장할 것이지만 과연 북한정권이 지금과 같은 체제유지 전략을 통해 자신의 체제안정을 가져올 것인지는 지극히 의심스럽다. 북한이 앞으로 어떤 식의 개혁 또는 개방 전략을 택하는가에 관계없이 그 정권의 생래적 한계 때문에 취할 수 있는 정책수단에는 한계가 있을 수밖에 없기 때문이다. 북한정권의 향후 운명과 관련하여 최근 쿠바사태에 많은 사람들이 관심을 갖고 있지만 쿠바가 주는 교훈이 아니더라도 우리는 우리 경험에 비추어 북한현실과 관련해 몇가지를 유추할 수 있다. 첫째는 이제 상당한 정도로 체제에 부담이 되고 있으리라 믿어지는 과도한 체제유지 비용이다. 우리도 과거 독재정권 시절에 누누이 경험했던 바와 같이 권력이 한 사람의 수중에 집중되는 정도에 비례해 각종 정치적 억압기구와 체제유지 비용은 늘어난다. 북한의 경우 특히 수령우상화 작업에 지출되는 어마어마한 비용은 군사비와 함께, 전혀 인민들의 복지 및 소비 수준을 높여줄 수 있는 사회적 재생산 활동에 연결되는 것이 아니어서 그 사회의 생산잠재력을 갉아먹는 체제불안 요인이 된다. 둘째로 북한사회가 갖고 있는 치명적 약점은 '사회적 면역성'이 결핍되어 있다는 것이다. 이것은 사회주의 일반의 생래적인 것일 수도 있고, '북한식 사회주의'가 갖는 후천적인 것일 수도 있다. 남한과 같은 개방사회는 일견 그 안에 자본주의의 온갖 병균이 득시글거리고 있는 듯이 보이고, 때로는 그 병균 제거를 위한 외과적 수술을 둘러싸고 사회적 대립도 나타내지만 기본적으로 각종 병균에 대한 면역성 또는 내성이 생겨 있는 사회이다. 그러니까 신문·방송만 보면 당장 내일이라도 무너져내릴 것 같은 사회지만, 아침에 눈떠보면 어제보다 더 한 생명력으로 살아 움직이고 있는 것이다. 아마 평양의 시각으로 이해 안 되는 점이 바로 이 점일는지도 모른다. 폐쇄사회란 어떤 것인가? 외견상으로는 마치 멸균된 진공관의 청결이 지배하는 사회 같기도 하다. 그러나 외부의 사소한 바이러스라도 침투하는 날에는 그 청결함의 생명력이 유지될까? 북한정권이 갖는 딜레마도 바로 이것이다. 어떤 식으로든 개혁과 개방을 통해서만이 체제유지가 가능하다는 것을 알면서도 바로 자신들의 이러한 정치적·사회적 '후천성 면역결핍증' 때문에 이러지도 저러지도 못하고 있는 것이다.

## 우리가 남인가?

주사파 이야기에서 시작해 북한체제의 지속가능성에 대한 몇가지 생각을 적어보았다. 원래는 우리 사회에서의 진보세력의 필요성에 대해 언급하려던 것이 주사파 이야기로 흘러버렸다. 말하고 싶었던 것은 한 사회가 발전하는 데 있어서 보수의 역할이 필요한 것처럼 진보의 역할 또한 필요하다는 원론적인 이야기였다. 하나의 교조(Dogma), 하나의 세계관(Weltanschauung)으로 통일된 사회는 중세 가톨릭이 지배하던 암흑사회 아니면 북한과 같은 수령중심의 사회이다. 그리고 우리에게도 한때는 그와같은 '동토(凍土)의 계절'이 있었다. 이제 오늘날과 같은 다원적 개방사회에 그같은 교조를 강요하는 세력이 있다면 그게 주사파든 다른 어떤 세력이든 거부되어야 한다. 반공을 국시의 제일의(第一義)로 삼는 극우적인 세력도 물론이다. 좌·우 편향을 거부하면서 불어오는 바람의 방향에 맞춰 중심을 잡아나갈 때만이 새는 더 높이, 그리고 더 멀리 날아오를 수 있을 것이다.

이 글을 읽는 독자들의 반응은 입장에 따라 각각 다를 것이다. 우선 그동안 정부의 대북정책을 받아들이는 입장들이 다를 것이다. 북한을 자유민주주의 깃발 아래 결국은 흡수해야 할 대상으로 보는 입장도 있을 것이고, 일단은 평화공존체제를 유지하면서 단계적 상호접근을 선호하는 입장도 있을 것이다. 어떤 경우에도 남북문제를 보는데 있어서 "너의 불행은 곧 나의 행복의 원천"이 된다는 입장, 제로섬의 게임논리는 버려야 한다.

남북문제의 특수성은 상대방이 서로 남이 아니라는 데 있다. 어쩌다 형제간에 유산분배 문제를 놓고 다투다 집안을 쑥대밭으로 만든 원수지간이 되어버렸지만 그렇다고 옆집 사람들이 끝까지 우리편이 되어주는 것도 아니다. 그들도 결국은 형제가 상속권을 놓고 싸우는 그 집을 제 것으로 할 수만 있다면 아무때고 슬쩍 숟갈을 들이밀 이웃들이기 때문이다.

이제 북-미관계 정상화가 논의되고 있고, 경수로 지원을 둘러싼 한반도 주변국가들의 목소리가 제각각 달라지고 있는 요즘 우리는 우리 정부의 통일정책, 나아가서 한반도정책의 총론을 다시 한번 확실하게 점검해봐야 한다. 총론만 확실하게 갖고 있다면 각론에서 온 사회가 흔들리는 일은 없을 것이다. 북한을 정말 '동반자'로 인정했다면 각론에서도 대범했어야 한다. '조문논쟁' 같은 것으로 국력을 낭비할 뿐 아니라 남북관계에 불필요한 긴장을 조성할 이유는 전혀 없었다. 한나라를 이끌어가는 지도자라면 명분을 무시할 수 없지만, 그렇다고 그에 집착하여 실리가 걸린 대국을 놓치는 우를 범해서는 안 된다. 대중은 백가쟁명할 수 있지만 지도자는 뚝심을 갖고 총론을 꿋꿋이 지켜나가야 하는 것이 아닌가? 더구나 우리 민족 앞에 놓여진 도전과 미래를 생각할 때 시체를 놓고 벌이는 어제의 감정놀음에 덩달아 어울려서는 더더욱 안 되는 것이다.

## 몇개의 시나리오들

김영삼 정부는 대북문제에서뿐 아니라 정권의 성패를 걸었던 개혁문제, 그리고 21세기를 준비하는 20세기 마지막 정권으로서의 비전 제시 등에 있어서 출범 초기와는 많이 다른 모습을 보여주고 있다.

김영삼 정부 출범 초기, 몇몇 정치학자들의 모임에서 문민정부의 전개방향에 관한 논의가 있었다. 대략 세 가지의 시나리오가 논의되었는데 파퓰리즘(Populism)론과 바이마르(Weimar)론, 그리고 보수회귀설로 요약해볼 수 있다.

김영삼 정부가 대중주의적 인기를 바탕으로 일정한 정도의 개혁노선을 유지해갈 것이라는 파퓰리즘 시나리오는 초기에는 상당한 설득력을 갖는 것이었다. 초기의 탈권위주의화 노력과 대담한 사정(司正)드라이브로 대통령과 정부에 대한 지지율이 90퍼센트대라는 경이적인 수준에까지 오르내리고, 정부의 '고통분담' 요구는 근로자들이 노-경총의 임금 가이드라인을 수용하도록 하였다. 노사분규라는 말은 갑자기 낯선 말이 되어버렸다.

그러나 집권 1년 6개월이 지난 지금 시점에서 이 시나리오는 매우 퇴색해가고 있다. 근로자들은 '고통전담'을 거부하고 있고 전국 기관사들과 지하철노조의 파업은 강경 진압되었다. 역대정권의 장기간에 걸친 '살농(殺農)정책'으로 공동화(空洞化)한 농촌은 이제 농산물시장 개방이라는 새로운 위협 앞에 생존을 내어놓고 있지만 우루과이라운드 협상에 임했던 정부대표들은 "UR협정서를 한 자, 한 획도 바꿀 수 없다"는 거짓말까지 동원하며 국민을 우롱하기에 여념이 없었다. 문민정부의 주요 지지기반이라고 여겨진 중산층도 정부의 일관성 없는 정책집행과 조계사 난입 같은 무분별한 공권력 남용으로 김영삼 정권의 문민적 비교우위(文民的 比較優位)를 회의하기 시작했다.

두번째 시나리오는 이렇다. 1919~33년 사이 독일에 존재했던 최초의 부르즈와공화국인 바이마르는 그 문민적이고 공화주의적인 정당성에도 불구하고 존속기간 내내 좌우파의 대립에 시달렸다. 경제위기가 심각해질수록 좌파는 그 책임을 자본주의적 구조에 돌리고, 우파는 노동조합 활동 같은 것이 초래하는 사회적 무질서에 있다고 주장하였다. 부르즈와적 중립을 유지하려고 했던 바이마르의 결과는 히틀러의 '국가사회주의'라는 고도의 중앙집중적이고 군사화한 파시스트체제의 출범이었다. 20세기 초반부의 독일과 21세기를 바라보는 오늘 한국을 평면비교하는 데는 무리가 있겠지만 문민정부 출범 초기에 이런 시나리오도 논의되었다는 것은 당시 김영삼 정부의 성격 규정과 관련하여 시사하는 바가 있다. 장기간의 군사독재 끝에 기존세력의 도움으로 등장한 문민정부가 그 자신의 성격적 제약 때문에 집권기간 내내 좌·우 모두의 눈치를 보지 않으면 안 되리라는 예측은 당시로서는 충분히 가능하였다. 이 시나리오는 개혁에 대한 보수 수구세력의 집요한 사보타지와, 현실을 무시한 좌파의 급진적 개혁 요구 사이에서 문민정부가 택할 수 있는 독자노선의 폭은 대단히 제한될 수밖에 없으며 결국 집권기간 내내 좌우의 협공 속에서 우왕좌왕하게 되리라고 보았다. 이 시나리오의 적실성 여부는 독자 여러분의 판단에 맡긴다.

세번째 시나리오에 대해 더 많은 독자들이 수긍하지 않을까 하는 '예단(豫斷)'을 갖는다. 이 시나리오에 따르면 문민정부는 그 자신의 개혁적 성격에도 불구하고 자체의 집권기반이 약하기 때문에 결국에는 보수세력에 업히게 될 수밖에 없으리라는 것이다.

이상의 시나리오 중 어떤 것이 오늘의 정치현실을 실감나게 설명하고 있는지, 아니면 기본 시나리오 자체에 문제가 있는지, 이는 독자의 판단영역으로 돌리면서 한가지 문제를 제기하고자 한다. 우리나라의 정부형태에 관해서이다. 13대 대통령 선거 이전에도 깊은 논의가 있었고, 1997년의 대통령 선거를 앞두고 또 한번 제기될 문제가 있다. 대통령책임제를 유지할 것인가, 의원내각제로 전환할 것인가의 문제다. 각각의 체제를 옹호하는 사람과 정파의 계산이야 서로 다른 것일 수밖에 없겠지만, 적어도 대통령책임제를 옹호하는 쪽의 명분은 이런 점일 것이다. "우리 사회의 산적한 문제—통일을 포함하여—를 해결하기 위해서는 강력한 리더십이 필요하다! 그래서 당분간 대통령중심제로 갈 수밖에 없다!" 이 논리는 1992년

을 전후하여 나온 것일 뿐 아니라 1997년에도 다시 등장할 개연성
이 높은 논리이다.

자, 그렇다면 지금 이런 대통령중심제를 갖고 있는 우리의 현실은
어떠한가? 산적한 문제는 여전히 많고, 개혁과제 역시 산처럼 우리
앞에 버티고 있다. 대통령제가 1인에의 권력집중이라는 문제점에도
불구하고 정말 개혁과제의 수행을 위해 필요한 것이라면 그 강력한
리더십이 이제야말로 본때를 보여줘야 할 때이다. 그리고 그것은
단순히 정치적 반대자에게 '힘'을 드러내는 수준이 아니라 국가 백
년대계를 두고 고민하는 리더십이어야 할 것이다.

개혁통치의 기본철학과 프로그램을 확실하게 가졌다면(만약 이
것 자체가 불확실하다면 지금이라도 확실하게 해야 한다. 총론이
튼튼해야 각론이 튼튼해질 수 있는 것이니까) 어떤 세력의 사보타
지나 충동질에도 흔들리지 않고 밀고나갈 수 있는, 뚝심있는 지도
력이 필요하다. 70년대를 군사적 '개발독재'가 지배했다면 90년대
에는 차라리 문민적 '개혁독재'라도 있어줘야 할 것이 아닌가? 더구
나 통일이라는 민족 절대절명의 과제가 바로 코앞에 다가와 있는
지금, 우리는 어제의 옷, 어제의 노래를 버리고 내일 부르게 될 노래
를 새로이 준비하여야 한다. 남들이 다 벗어버린 두껍고 투박한 냉
전의 외투를 벗고, 국가간의 무한경쟁시대를 맞는 간편한 옷차림으
로, 7천만이 함께 부를 '영광된 통일조국'의 노래를 준비해야 할 때
인 것이다. 여기서 누구의 눈치를 보고, 누구의 노래를 듣겠다는 것
인가? 흘러간 옛노래가 그리운 자들은 그들만의 방에서 노래하게
하라. 하루가 다르게 쏟아져나오고 있는 신곡을 즐겨 듣고 노래하
겠다는 이들에게 그들의 케케묵은 노래를 강요해서는 안 된다. 그

리고 가끔은 '광야'에서 들려오는 노랫소리에도 귀를 기울여야 한
다.
 '밑으로부터의' 혁명을 꿈꿨던 동학혁명 백주년에 여전히 '위로
부터의' 혁명을 기대하는 감회가 새삼스럽다.

〈1994년 9월〉

# 지식인은 무엇으로 사는가

### 지식인의 문화적 우월성

## 첫번째 이야기

얼마 전 어느 상가(喪家)에서 만난 한 정치학 교수의 약간은 쓸쓸해 보이던 뒷모습이 오랫동안 뇌리를 떠나지 않는다.

우리 사회 진보진영의 대표적 이론가 중 하나로, 우리 사회의 진정한 민주화는 광범한 비특권계층의 권리확보를 통해서 가능하다고 생각하는 이 정치학자와 나는 당시 때가 때인지라 자연 '한총련' 사태에 대해 주로 이야기를 나누게 되었다. 그는 먼저 자신이 한총련의 주장과 운동방식에 동조하지 않는다는 점을 분명히 밝혔다. 그러나 자유민주주의를 신봉하는, 정치학 교수 이전에 하나의 시민으로서 자신은 설사 자신과 다른 견해나 주장을 내놓는 개인이나 집단일지라도 그들이 자신들의 의사를 자유롭게 표현할 수 있도록, 즉 그들의 언론자유를 위해서 싸워야 할 것이라고 한다. 그것이 이

시대를 사는 사람의 시민적 의무일 것이라고 하였다.

자기 생각이나 습관과 다른 것을 이해하고 받아들이는, 즉 다원주의적 시민문화가 아직 미성숙한 우리 사회에서 이 정치학 교수의 의견은, 말은 옳지만 쉽게 받아들여질 수 있는 이야기는 아닐 것이다. 검은 것인지 흰 것인지가 먼저 분명해져야, 그래서 어느 편인지가 분명해져야 이야기가 되는, 소위 흑백의 이분법적 논리에 익숙해져 있고 이것을 언론이 감정적으로 거드는 우리의 사회풍토 속에서 검은색과 흰색 이외의 다른 색깔의 무늬에 대해 설득력있게 말하기란 힘들다.

한총련 학생들이 기차놀이하는 모습으로 줄줄이 엮여 경찰에 연행되는 모습을 잠시 보여주던 텔레비전 카메라는 이어 시커멓게 그을린 연세대의 모습을 오래도록 비추었다. 그리고는 연이어 터져나오는 정부의 '단호한 의지'. 좌경의 온상지인 한총련을 이참에 완전히 뿌리뽑고 이 사회의 좌경세력을 발본색원하겠다는 정부의 '비장한' 각오가 연일 신문·방송의 머리를 채우고 있다.

내가 그의 돌아서 가는 어깨에서 쓸쓸함을 보았던 것은 오직 흑백의 하늘만이 허용되는 현실 속에서 복잡한 무늬를 갖는 그의 이성이 철저히 소외되는 데서 오는 외로움을 느꼈기 때문이었을 것이다. 그러나 그의 외로움은 다른 데에서도 느껴진다. 국립대학 교수생활이 제법 되건만 아직도 제집 마련은 고사하고 나날이 오르는 전세금을 감당 못해 이곳저곳으로 주거지를 옮기는 그의 삶이 새삼 고단해 보였기 때문이다.

바쁜 서울생활에 피차간에 자주 만나기는 힘들지만 그래도 내가 그를 가끔 볼 수 있는 것은 주로 상갓집에서이다. 아이들 둘 데리고 아직도 셋집을 전전하는 교수이지만 남의 애경사는 반드시 챙긴다. 주변의 아픔이 바로 자신의 아픔이 되는 그의 모습에서 나는 참으로 진솔한 지식인의 모습을 본다. 그의 사상과 고뇌의 깊이를 내가 다 이해하는 것은 아닐지라도 나는 그가 내게 무슨 부탁이라도 해온다면 절대로 거절하지는 않을 것이라는 다짐을 해보곤 한다. 그 부탁이란 결코 자신의 사적인 이익을 위한 것은 아닐 것이므로.

### 두번째 이야기

이왕 한총련 이야기가 나온 김에 이 이야기를 좀 제대로 해보자.

텔레비전이나 신문 사진을 통해 보는 한총련 학생들의 폭력성은 가히 충격적이다. 진압경찰을 무장해제시키고, 불쌍하게 꿇어앉아 있는 전경을 폭행하며 마치 이스라엘의 '아랍계 폭도'들처럼 복면을 하고 화염병을 던지며 쇠파이프를 휘두르는 모습은 안 그래도 요새 경기가 좋지 않아 하루하루 살아가는 게 힘겨운 시민들의 신경을 자극한다. 연세대를 포위하고 있는 경찰의 교통통제 때문에 신촌뿐 아니라 서울 시내 전체가 하루 종일 교통체증으로 시달린다. 신문과 방송은 학생들 때문에 생계에 막대한 지장을 받고 있다는 신촌 주변 상인들의 고충을 충실히 보도한다. 도대체 이 학생들이 어느 나라 학생들인가? 부모가 그 비싼 과외까지 시켜가며 대학에 보냈는데 하라는 공부는 하지 않고 이게 뭔가? 또 그들이 주장하는 것이 북한이 주장하는 것과 똑같다고 하는데 어쩌다 학생들이 이렇게 빨갛게 물들었나 등등.

우리 사회를 온통 들었다 놓은 한총련 사태. '사태수습 후' 연이은 정부와 사회의 보수 강경 기류. 과연 우리는 이 사태를 어떻게 해석하고 우리 사회의 향후 대응방향을 어떻게 잡아야 할 것인가?

필자가 매일 진행하는 라디오 시사프로에서 한총련 학생들이 아직 연세대에서 농성중이던 때에 청취자 의견을 전화로 받은 적이 있다. 스튜디오에는 종교인, 정치인, 법학 교수 세 명이 나와서 토론을 벌였는데 중간중간 전국의 청취자들로부터도 의견이 쇄도했다. 그들의 의견은 대략 다음 세 가지로 분류될 수 있다.

첫째, 비교적 나이 많은 분들은 학생들을 격렬히 비난하며 정부의 대응이 더 강경해야 한다는 입장을 나타냈다. 특히 그 억양으로 보아 실향민으로 짐작되는 한 청취자는 6·25도 겪어보지 못하고 북한 '빨갱이'들의 악랄함을 알지 못하는 젊은 세대가 그렇게 북한을 좋아한다면 모두 그리 보내면 될 것이 아니냐는 제안(?)을 내놓기도 하였다. 어떤 사람은 재야출신 인사들의 정계진출을 빗대어 지금 학생운동 지도부도 자신들의 정치적 캐리어를 쌓기 위해 이런 과격 투쟁을 주동하는 것이라는 진단을 하기도 했다.

둘째, 비교적 중립적 입장에서, 또는 학부모 입장에서 문제를 보는 청취자들은 학생들의 행동에 비록 문제가 있더라도 그건 우리 사회가 자연스럽게 걸러낼 문제지 마치 그들의 '경거망동'으로 우리 사회가 무너질 것처럼 호들갑을 떠는 것은 지나친 일이라고 하였다. 30대 초반으로 추측되는 대구의 한 주부는 일부 학생들의 좌경화로 우리 사회가 무너질 정도로 허약하지는 않을 것이라고 주장하면서 학생들에게 잘못이 있다면 그것은 사회로부터 자연히 배척당할 것이고, 그렇게 하면서 자연스럽게 학생들도 자신들의 잘못을 깨닫게 되지 않겠느냐는 의견을 내놓았다.

셋째, 젊은 층이나 또는 한총련이 좌경세력으로 일방적으로 매도되는 것을 안타까워하는 몇몇 사람은 먼저 화살을 우리 언론에 돌렸다. 학생들이 왜 연세대에 들어가게 됐고, 경찰의 집회 강제해산과 포위 조치로 불가피하게 건물 점거와 농성에 들어갈 수밖에 없었던 상황에 대해서는 일체 보도하지 않고 학생들의 폭력성만 집중적으로 부각하고 있다는 것이다. 폭력장면도 꼭 학생들이 전경을 폭행하는 장면이나 쇠몽둥이를 휘두르고 화염병을 던지는 장면만 보여주지 학생들이 당하는 장면은 외면한다는 것이다. 아울러 통일을 향한 학생들의 주장에 대해서는 누구도 진지하게 귀기울여주지 않았다는 것이다.

한총련 사태를 바라보는 우리 사회의 시각은 여러가지가 있을 수 있지만, 필자가 직접 접한 여러 의견들은 대개 위의 세 가지 중 어느 하나에 해당하는 것이었다. 어떤 입장을 취한다고 해도 한가지 공통된 것은 누구도 폭력·과격화한 학생운동을 지지·옹호하려 하거나 '학생운동'이란 이름 아래 행해지는 모든 것에 대해 면죄부를 줄 수는 없다는 것이었다. 이런 사회 흐름을 확인하며 나는 학생운동이 다시 대중의 지지를 받으려면 먼저 '문화적 우월성'을 갖지 않으면 안 되겠다는 것을 느꼈다. 정치적 구호로서가 아니라 삶의 태도, 즉 문화적 차별성을 통해 이 사회의 지배적 흐름과 구별되며 이 사회를 향해 경고하고 대안을 내놓는, 그런 차별성과 우월성을 말이다.

'학생운동'이라고 할 때 사람들은 일단 순수성, 정의감, 애국심, 대안 이런 것들을 떠올리게 될 것이다. 우리 학생운동의 전통이 어느 정도는 그랬다. 특히 학생운동이 내거는 정치구호는 끝없이 이어지는 독재정권과의 투쟁에서 상당한 정도 국민들로부터 지지를 받고, 동정심도 끌어낼 수 있었다.

그러나 문화적으로는 어떠했던가? 학생운동의 '순수함'을 유독 강조하는 사람들은 또한 학생운동 지도자들의 숱한 '변절'도 동시에 경험해야 했다. 4·19세대니 6·3세대니 민청학련세대니 하는 것을 자신의 정치적 훈장처럼 내세우더니 결국은 지배권력의 '하수인'으로 전락한 사람들도 보았고, 옛날에 골방에서 '동지'들과 라면 하나로 허기를 채웠던 '투사'들이 이제는 공직자 재산공개에서 수억, 수십억의 재산을 신고하면서도 아주 당연해하는 표정도 보게 된다. 이들의 행태만을 보고 단순화해서 말한다면 학생운동이 정치적으로는 기존사회에 대한 '대안'을 제시했는지 모르지만 문화적으로, 즉 삶의 태도에 있어서는 기성의 문화와 전혀 다를 것이 없었다는 비판을 받을 수도 있다. 우리 사회를 병들게 하는 '출세지향주의' '학벌주의' '연고주의' 등 기성세대의 문화와 이들의 문화가 전혀 차별성이 없다는 이야기다.

학생들 또는 지식인들이 정치적으로 과격해지기는 아주 쉽다. 일단 학생운동이든 뭐든 옛날에 독재정권과 대항해 싸우려면 이념적으로 세련되게 다듬어져 있으면서도 '선명'해야 했다. 가장 명쾌하고 단호한 흑백논리가 투쟁의 논리로서도 힘이 있으므로 '선명성'을 확인받기 위해서는 과격해져야 했다. 그러나 따져보자. 지식인의 과격성이란 어디에서 오는가? 많은 경우는 그가 읽었던 책에서 온다. 반공이 '국시의 제일의'로 시퍼렇게 살아있던 시절에 어떻게 어떻게 해서 그가 마오쩌뚱이나 스딸린의 어록 중 몇구절을 주워들었다면 그는 가장 선진적이며 지도적인 이론가가 될 수 있었다.

이런 현상은 80년 광주를 경험하면서 급격하게 변화한다. 국민의 군대에 의해 시민이 학살되었는데도 역사의 심판이 내려지기는커녕 그 학살의 주범이 국가원수가 되고 사람들은 또 누구 말대로 '들쥐처럼' 그 주위로 몰려드는 현실을 보면서 나라의 미래를 진실로 걱정하는 사람들이라면 뭔가 '특단'의 대책을 생각하지 않을 수 없었다. 수많은 학생들이 투쟁의 와중에 스스로 몸에 불을 붙인 채 죽어갔고 살인정권의 무자비한 탄압 아래 수많은 사람들이 의문사했다. 한국의 민주화를 지원한다고 믿었던 미국은 사실은 한반도의 평화를 위해 어느 독재자라도 지원할 준비가 되어 있었고 그를 위해 필요하다면 망을 봐줄 용의도 있었다.

오늘날 생각해보면 코미디 같은 장면이 있다. 광주항쟁 기간중 광주의 민주화운동 원로들은 미국이 제7함대의 항공모함 엔터프라이즈호를 한국해역으로 출동시켰다는 뉴스를 들으며 드디어 미국이 한국의 민주화를 위해 개입하기 시작했다고 환호한 적이 있다. 당시 미국의 카터 대통령은 '인권 외교'를 내세우며 한국의 박정희 정권과 마찰을 빚고 있는 듯이 보도되기도 했기 때문에 한국민이 카터나 미국에 거는 기대는 아직도 환상적이었다. 그러나 진상은 어떠한가? 몇달 전 한 시사주간지의 발굴로 밝혀진 당시 미국무성의 비밀문건을 보면, 미국은 전두환 군부가 '광주사태'를 진압하고 권력을 장악하도록 도와주는 역할을 충실히 실행했던 것이다. 일선 병력을 빼돌려 시위군중을 진압하게 하기 위해 혹시 휴전선이 불안해질까봐 급히 7함대의 주력 항공모함을 한국으로 출동시켰던 것이다.

군부와 권력자들의 상상을 초월한 억압, 믿었던(?) 민주화 지원

세력인 미국의 배신, 기존 정치권의 무능과 부패, 살인정권을 위한 미화작업에 동원되는 쟁쟁한 이데올로그들…… 이런 당시의 상황은 저항세력을 더욱 정예화하고 지하화하며 과격하게 할 수밖에 없었다. 당시 상황에서 '어영부영' 운동을 한다는 것은 있을 수 없다. 엉성하게 하다가는 우선 이쪽이 당하므로. 그것도 무자비하게. 이런저런 단계를 거쳐 운동권 내부에서는 많은 이론투쟁과 사상투쟁까지도 나오게 되었다. 여기에 결정적 영향을 준 것이 이른바 '주체사상'이었을 것이다.

말이 다소 길어졌지만 앞의 이야기로 돌아가자. 지식인의 과격성은 우선 그가 읽은 책으로부터 온다고 했다. 물론 여기에는 '상황'이 배경으로 작용한다. 80년대가 군부의 무자비한 시민살육으로 시작되지 않았다면 아마 '주사파'란 것도 존재하지 않았을지 모른다. 상황이 만들어내는 새로운 대안에 대한 욕구. 이것을 지식인은 새로운 사상이나 이론을 통해 해결하려고 한다. 그러나 이런 사상이나 이론은 결국 책을 통해 습득된 것이지 생활을 통해 습득된 것이 아니기 때문에 사실상 그의 진보성은 아직 최종적으로 검증된 것은 아니다.

주체사상 자체가 진보적이며 과학적인 것이냐 하는 것도 문제가 되지만 그 이전에 이것 자체를 무슨 입시문제 외우듯 달달 외우는 식으로 우리 사회의 주사파가 양산되는 것이 현실이라면 이것은 매우 심각한 문제이다. 나는 언론에서 말하듯이 우리 학생운동에 주사파가 얼마나 되는지 어느정도 영향력을 행사하고 있는지 확인할 만한 위치에 있지 않지만, 만일 일부 학생들이 우리의 현실을 자신의 냉철한 머리와 뜨거운 가슴으로서가 아니라 '주워 들은' 또는

'달달 외운' 교조적 문구들을 통해 해석하려고 한다면 이는 국민은 고사하고 당장 자기자신도 확실하게 설득하기 힘들 것이라고 생각한다.

우리 사회를 정말 개혁하고 올바른 방향으로 변화시켜나가기를 원한다면 이제는 정치적 구호보다는 문화적인 대안을 내놓는 것이 더욱 중요하다고 본다. 기성제도를 욕하면서 여전히 우리 사회의 퇴폐적인 소비문화에 깊숙이 발들여놓고, 약자와의 연대를 부르짖으면서도 여성에 대한 기성세대의 성차별을 그대로 답습하는 것으로는 안 된다. 노동해방을 지원한다면서도 자신들은 대졸자의 기득권을 당연한 듯이 받아들인다면 이런 것도 문제다.

이런 식으로 문화적 차별성을 가지라고 주장하면 혹 이런 응답이 올지도 모른다. 우리 사회가 당면하고 있는 문제가 얼마나 심각하고 본질적인 문제들이 많은데 문화 운운하는 것은 개량주의적인 사고가 아니냐고. 이런 질문에는 이런 대답이 생각난다. "큰일은 맡겨주면 능력이 안 돼서 못하고 작은 일은 시시해서 하지 않으려 든다"고 사이비운동가들을 비판한 마오쩌뚱의 이야기 말이다.

앞서 한 지식인의 이야기를 들었던 것은 그가 바로 내게 이 질문과 해답을 동시에 주었기 때문이다. "지식인은 무엇으로 사는가?" 책에서 읽었던 얼마간의 지식으로 살아가는가? 아니다. 그의 삶, 즉 생활태도와 습관으로 보여주는 차별성, 문화적 우월성, 시류나 대세와 관계없이 자기만의 색깔과 향기를 간직하고 사는 용기, 그리고 멋. 이런 것으로 사는 것이다.

〈1996년 10월〉

제2부

# 선거와 정치개혁

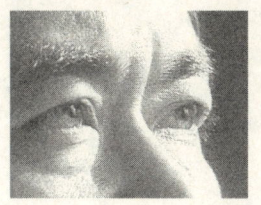

# 첫 대선후보 합동토론회를 마치고

  첫 합동토론의 사회자로 선정되었다는 연락을 받은 것은 토론회 4일 전이었다. 속으로는 한번 맡아 해보았으면 하는 은근한 욕심도 있었지만 막상 사회자로 결정이 났다는 이야기를 듣고 나니 겁부터 났다. 올해 대통령 선거를 TV토론이 주도하고 있고 각 후보진영도 TV토론의 성패에 거의 사활을 걸다시피 하고 있는 상황에서 겁부터 나는 것은 어쩌면 당연했다. '잘해야 본전'일 것이라는 얄팍한 계산도 없지 않았다. 공정성을 보장하기 위해 대선방송 토론위원회가 아주 세밀한 부분까지 규칙을 정하고 사회자의 재량권을 거의 인정하지 않는 상황에서 기껏해야 '얼굴 마담' 노릇이나 하는 것이 아닌가 하는 의심이 들었던 것이다. 그래도 한국 역사상 처음으로 열리는 TV합동토론의 유혹은 대단한 것이어서 사회를 맡게 되었다.
  첫 토론의 주관사인 KBS로부터 토론 형식과 진행에 관한 자료들을 받아보고 난 후 든 생각은 토론이 너무 지루하거나 딱딱해지지 않을까 하는 것이었다. 우리 사회의 최대 현안인 경제문제를 첫 주제로 다루게 되어 있었는데 주제의 성격상 토론이 딱딱해지기 십상이었다. 그러나 그에 못지않게 걱정이 된 것은 공정성을 보장하기 위해 마련한 시간제한 장치가 자칫 기계적 공정성만을 보여줄 뿐 토론을 지루하게 만들어버리지는 않을까 하는 것이었다. 이 문제는 실제 토론에 들어가서도 후보들간의 자유로운 토론과 심도있는 논쟁을 가로막는 요인이 되었다.

어쨌든 내게 있어서 '화려했던 120분'은 지나갔다. 후보 개개인에 대한 평가는 시청자 또는 독자의 몫으로 돌리고 이제 토론운영에 관한 몇가지 생각만을 적어본다. 세 명의 후보가 두 시간 동안 열여덟 개의 주제를 갖고 토론하였다. 매 주제당 7분 정도의 시간이 주어졌다. 이 7분 동안에 세 후보는 IMF체제 하의 우리 경제위기 타개방안이라든가 정경유착 근절방안에 대한 자신의 철학과 정책을 밝혀야 했다. 주어진 시간 안에 답변하려는 후보들의 노력은 돋보였지만 현실적으로 이 짧은 시간에 각자의 정책적 입장이나 철학을 충분히 밝히는 것은 애초에 무리였다. 특히 후보간에 입장 차이가 두드러지는 사안에 대해서는 반론과 재반론이 시간 제약 때문에 제대로 이루어지지 못했다.

그러나 더 본질적인 문제는 후보간 정책적 차별성이 두드러지지 않았기 때문에 토론이 정책대결보다는 상호비방이나 정치적 선전전으로 흘러갔다는 점이다. 후보들 입장에서는 모든 계층의 표를 의식해야 하기 때문이겠지만 재벌도 정책적으로 지원해야 하고 중소기업도 살려야 한다는 식의 토론은 사실 정책토론으로는 어울리지 않는 것이었다. 무엇보다 후보들이 이 점을 잘 알고 있는 듯했다. 그러니까 금융실명제 이야기를 하자면 정경유착 문제를 끌고 나와 상대 후보를 공격하는 소재로 삼고, 중소기업과 대기업 정책을 이야기하자면 증시폭락 등을 거론하며 경제 실패에 대한 책임공방으로 토론이 변질되곤 했던 것 같다. 결국 "나는 무엇을 어떻게 하겠다. 그러니 나를 뽑아달라"는 식의 토론이 아니라 "저 사람은 이러저러해서 안 되니 절대로 뽑으면 안 된다"는 식의 토론이 된 것이다. TV합동토론의 개최 목적이 유권자에게 후보에 대한 더 많은 정보를 전달해주기 위한 것이었다면 유권자로서는 과연 어떤 정보를 얻을 수 있었는지, 한번쯤은 돌아보게 하는 대목이다.

많은 문제점에도 불구하고 TV합동토론은 우리 정치문화, 토론문화의 새 장을 열었다. 돈 안 드는 선거, 차분한 토론이 자리잡는 선거문화의 실험장으로서 그 첫발을 내디딘 것이다. 당장 첫술에 배부르지 않더라도 우리는 이 싹을 소중히 가꾸고 키워나가야 할 것이다. 그래서 언젠가는 후보끼리, 사회자의 별다른 제지 없이, 자신의 정책과 철학에 대해 몇시간이고 격렬한 토론을 나누는 모습이 TV로 생중계되는 것을 볼 수 있었으면 좋겠다.

〈1997년 12월〉

# 어떤 대통령을 뽑아야 하나

21세기의 지도자를 뽑는 15대 대선전의 특징은 아무래도 텔레비전 토론일 것이다. TV토론은 세과시를 위해 수십만 명의 청중을 '동원'해야 했던 종래의 '고비용 저효율' 선거전을 완전히 바꿔놓았다. 토론회 개최형식과 진행방식을 둘러싼 논란들이 있었지만 나름대로 후보들의 인간됨과 철학, 정책 등에 대한 검증의 장으로서 텔레비전 토론은 우리 선거문화를 한단계 올려놓았다. 그런데 모처럼 자리잡아가던 차분한 정책대결의 선거전이 최근 김대중 후보의 비자금 파문으로 다시 종래의 추악한 폭로전으로 되돌아가는 것 같아 씁쓸하다.

과거의 대통령 선거를 기억하는 이들은 우리 선거가 국가사회가 당면한 문제들에 대한 후보자들의 철학과 비전을 듣는 자리가 아니었던 것을 떠올릴 것이다. 상대 후보에 대한 흑색선전과 비방, 또 '북풍'이니 '색깔공방'이니 하는 말도 언론에서 자주 보았던 기억이 날 것이다. 저 후보가 되면 이 나라를 어떻게 이끌게 될 것이라는 전망을 갖기보다는 저 후보가 어느 지역 출신이라든가 저 후보는 무조건 안 된다는 식의 감정을 유권자들에게 주입시키는 데 많은 노력들을 기울였다. 따라서 선거전은 종종 '폭로전'으로 치달았고 유권자는 주체적인 한 표를 행사하기보다는 '휩쓸리는' 한 표를 던지기 십상이었다.

그러나 이제는 정말 시대가 바뀌고 있다. 우리가 집안싸움에 휩쓸리고 있는 동안에도 세상은 엄청난 속도로 변화하고 있다. 냉전의 장막이 거친 지금 세계는 끝을 모르는 무한경쟁시대에 돌입하고 있다. 국가의 실리를 위해서는 어제까지 총부리를 겨누던 상대와도 거래를 하고, 자본은 국가의 영역을 넘어 자유롭게 이동하며 이득이 있는 곳이라면 지옥까지도 찾아갈 태세로 뛰고 있다. 그리고 인류역사의 2천년대를 마감하고 새로운 3천년대를 준비하기 위해 나라마다 내부조직을 정비하고 새로운 시대의 도전에 대비하고 있다. 변화에 대비하기 위해 민간의 자율성이 강화되고 기업들은 더 작은 단위로 나뉘어져 세계화시대 경영에 대비하고 있다. 이렇게 바깥세상 돌아가는 것에서 좀더 우리 내부로 눈을 돌리면 자연 씁쓸해질 수밖에 없다. 남들은 다들 '내일'을 바라보고 뛰고 있는데 우리만 언제까지 '어제'의 논리에 매달려 살아가야 하는 것인지……

그러나 언제까지 신세 한탄만 하고 있을 수는 없다. 모처럼 국민이 주권자 노릇을 할 수 있는 선거철이 다가오고 있다. 흔히들 그 나라의 정치는 그 나라 국민들 수준을 벗어날 수 없다고 하는데 이제 우리는 정치가 4류라고 흥분만 할 것이 아니라 우리 자신이 4류국민이 아니라는 것을 보여주어야 한다.

나는 이런 대통령을 갖고 싶다.

첫째, 모든 문제를 대화와 타협을 통해 해결하겠다는 사람을 뽑고 싶다. 평생 민주주의를 위해 싸워왔다고 자랑하던 김영삼 정부 아래서 우리가 들이마셔야 했던 최루탄가스는 앞선 정권 때보다 결코 적지 않았다. 일방적으로 밀어붙이는 '날치기 파동'도 역대 독재정권들과 비교해볼 때 전혀 달라진 것이 없다. 무슨 일이 있더라도 날치기 하지 않고, 평화적인 시위를 향해 절대 최루탄은 쏘지 않겠노라고 공약하는 후보가 있다면 그를 뽑고 싶다.

둘째, 남의 체력도 빌릴 수 없겠지만 머리도 빌릴 수 없는 것이라는 것을 우리는 김영삼 정부에서 '학실히' 경험하였다. 대통령은 국가 주요사안에 대해 나름대로의 분명한 철학과 식견이 있는 사람이라야 한다. 대통령 자신이 기본적 판단능력이 있어야 주변 참모들의 역량도 효율적으로 활용할 수 있을 것이다. 우리 사회가 당면한 주요문제들에 대해 나름대로 오랫동안 고민한 흔적을 보여주는, 그리고 그 고민의 연장선상에서 나름대로의 대안을 내놓는 그런 후보를 뽑고 싶다.

셋째, 세계화시대는 국가간 상호의존이 강화되면서도 국가간 경쟁은 더욱 치열해지는 시대다. 이런 시대에 국제무대에서 우리의 국가이익을 지키기 위해 분명한 원칙과 철학을 갖고 앞장서 나가는 지도자를 뽑고 싶다. 이건 누가 얼마나 영어를 잘하고 못하냐의 문제도 아니고 얼마나 외국 정상들과 식사모임을 많이 갖느냐의 문제도 아니다. 얼마나 주체적인 입장에서 실질적으로 국가이익을 지켜낼 수 있는가 하는 문제이다.

앞으로도 텔레비전 토론이나 다른 집회 등을 통해 후보들의 능력과 자질을 검증할 기회가 많이 남아 있다. 우리 모두가 4류가 아니라는 것을 보여주기 위해서도 유권자 여러분들은 정신 바짝 차리고 후보들의 진면목을 보도록 노력해야 할 것이다.

〈1997년 12월〉

# 15대 국회, 무엇이 달라질 것인가

## 월간 정치시평은 어렵다?

월간지에 정치시평을 쓴다는 것이 한국과 같은 나라에서는 얼마나 힘든 일인가를 요즘 새삼스럽게 절감하고 있다. 한국 정치상황에서는 당장 한 달 앞, 아니 한 주일 앞을 예측하기가 쉽지 않다. 워낙 예측할 수 없는 일들이 많이 일어나기 때문이다. 6월호에 맞추기 위해 이 글을 마무리하고 있는 시점은 5월 12일이다. 그러나 이 글이 독자에게 전해지는 시점은 대개 5월말 이후가 될 테니, 내게는 적어도 20일 앞의 우리 정치상황을 예측해내야 하는 부담이 있다. 책이 나오는 시점에서 내가 쓴 글과는 전혀 다른 엉뚱한 상황이 벌어지고 있다면 명색이 정치평론가인 필자의 체면은 고사하고 그런 유의 정치평론을 누가 읽으려 하겠는가? 이런 걸 생각하면 월간지에 기고하는 정치시평은 얼마쯤은 진땀 나는 일이다. 이런 변명이라도 미리 늘어놓고 글을 써야 다소라도 덜 불안할 것 같다.

## 국회의원이 등원한다는 일, 어려운 걸까?

당장 15대 국회가 예정대로 제 날짜에 열리게 될지 어떨지부터 예측을 해봐야 하는데 참으로 어렵다.

예정대로라면 15대 국회의원 임기는 1996년 5월 30일부터 시작되고 6월 5일에 개원을 해야 한다. 원만한 개원을 위해서는 원 구성을 위한 협상이 이루어져야 하는데 야당은 협상에 응하지 않겠다고 했다. 원 구성이란 당장 국회의장단과 상임위원장 선출, 그리고 의원들의 상임위원회 배정 등의 작업이 마무리되는 것을 의미한다. 국회의원들 뽑아났고—5월달에 단 이틀 일하고 4백만원 가까운 세비를 받느니 어쩌니 해서 여론이 들끓었지만 그것도 생각하기 나름일 것 같다. 일만 제대로 해준다면 국민의 대표에게, 또 당선되느라고 고생했을 선량들에게 당선축하금 정도 준다고 생각할 수도 있지 않을까? 문제는 과연 일을 제대로 해줄 것인가에 달려 있겠지만—동양에서 최고 가는 의사당으로 지었다는 국회가 여러 달 동안 비어 있는 것을 생각하면 당장 예정된 대로 국회를 열면 될 일인데 우리 정치현실은 그렇게 간단하지가 않다.

야당이나 무소속으로 당선된 의원들이 당선되자마자 양지바른 곳을 찾아 떠나는 일이 생겼다. 안 그래도 서울에서 저조한 실적을 보여 기분이 우울한 국민회의나 이제는 원내교섭단체도 구성 못하게 된 민주당 입장에서는 여기저기서 당선자들을 쏙쏙 빼가 억지로 원내 과반수를 만들려고 하는 신한국당을 과연 어떻게 상대해야 할지 걱정이다. 수많은 선거 사범들 중에 유독 자기 당의 후보나 당선자만 구속시킨다고 생각하는 자민련도 황당하기는 마찬가지다. 당선자 중 선거 후 제1호로 구속됐던 자민련 김화남 당선자는 구속을 피해보기 위해서였는지 당선 후 자민련을 탈당했다. 민주당 대변인 시절 신한국당과 여당 총재인 대통령을 향해 독설을 마다하지 않았던 이규택 당선자는 지역 여론을 들어 민주당을 탈당하고 여당행을 택했다. 갈 때는 혼자 가기가 무엇했던지 옆 선거구에서 같이 당선된 사람까지 데리고 갔다.

원내 과반수 확보를 통해 정국을 안정적으로 운영해보겠다는 여당의 힘의 논리가 반대로 정국을 꼬이게 하고 있다. 우리 국회에서 '물리적 과반수'가 반드시 '정치적 과반수'를 확보해주는 것은 아니다. 이것은 3당 합당을 통해 출범한 거대 민자당이 그 안정적 다수 의석을 갖고도 정치적 안정을 이루어내지는 못했던 경험에서도 입증된 것이 아닌가?

'힘으로' 밀어붙이겠다는 여당에 위협을 느낀 야당은 필연적으로 자기들끼리라도 똘똘 뭉치지 않으면 안 되게 되었다. 정책이나 노선에 있어서는 서로를 YS보다 멀게 느꼈던, 그래서 지난 7년 동안 한번도 직접 대화를 나눠본 적이 없던 DJ와 JP가 만나게 되고, 서로를 야당 분열의 주범, 배신자라고 비난해온 국민회의와 민주당 사람들이 농성장에서 자연스럽게 공동투쟁을 논의하는 일들이 생겨나게 되었다.

여당의 당선자 빼내가기가 중지되지 않으면, 아니 원상회복시켜놓지 않으면 등원하지 않겠다는 김대중-김종필 총재의 공동합의대로라면 6월 새 국회는 열리기 힘들 것 같다. 그러나 이를 받아들이는 여당의 태도로 봐서는 그다지 사태를 심각하게 생각하는 것 같지 않다. 결국 어떤 식으로든 협상이 가능하다고 보기 때문일까? 정치평론을 한다는 사람들의 전망을 들어봐도 6월 국회개원은 결국 성사되는 쪽으로 풀릴 것이라고 한다. 우리 정치가 성명서에서는 늘 각종의 강경한 언어들을 구사하고 있지만 현실정치에서는 어떤 식으로든지 흥정이 이루어져왔다는 것을 믿기 때문에 그럴 것이다.

어쨌든 독자들이 이 글을 읽고 있을 때쯤에는 결말이 나 있을 것이다. 어떻게? 글쎄, 여당은 결국 과반수 의석을 확보하고 야당에 상임위원장 자리 몇개를 양보하는 선에서 타협이 이루어지지 않을까? 원내교섭단체 구성에 실패한 민주당의 입지는 더욱 초라해지겠지만……

## 15대 국회, 14대와 무엇이 달라질까?

15대 국회를 특징짓는 것 중의 하나는 초선의원의 비율이 현저히 높다는 것이다. 전체적으로는 299명의 당선자 중 137명(45.8%)이 이번에 처음으로 국회에 진출하는 사람들이다. 지역구로는 전체 253개 지역구에서 106명의 정치신인들이 당선되었다(41.9%). 이들 중 상당수는 기존 정치권의 상당한(?) 거물들을 물리치고 당선되었다. 초선과 재선 의원을 합치면 15대 국회는 전체의 68퍼센트가 이들로 이루어지게 된다. 한마디로 정치 신인이나 초년병들에 의해 국회가 장악되게 된 것이다. 적어도 숫적으로는.

물론 초선이라고 하더라도 60대 초선도 있고 30대 초선도 있다. 정치적 연령이 반드시 사회적 연령과 일치하는 것은 아니라고 하더라도 적어도 초·재선 의원들의 대량진출은 우리 선거사에 중요한 의미가 있다. 유권자들은 이런 식으로도 기존의 정치권에 대한 불만과 불신을 표출하였던 것이다.

필자는 선거가 끝난 후 필자가 진행하는 라디오 프로그램을 통해서 모두 11명의 초선의원을 인터뷰한 적이 있다. 소속정당은 각각 달랐으나 그들은 자신들이 당선된 원인으로 모두 '뭔가 새로운 무엇'을 기대하는 분위기가 일정한 영향을 끼쳤음을 인정했다. 차이가 있다면 신한국당 초선 당선자들은 전반적으로 세대교체와 개혁의 계속적 추진에 대한 국민적 요구가 자신들이 당선된 주요인이라고 대답한 반면, 국민회의 당선자들은 여당의 '금권 선거'가 신한국당 약진의 배경이라고 대답하여 초선의원들일수록 '당론'으로부터 자유롭기가 얼마나 어렵겠나 하는 것을 생각해보게도 하였다.

15대 국회, 과연 무엇이 달라질 것인가? 아니 달라질 수 있을 것인가?

## 2000년 5월 29일?

15대 국회가 시작되는 시점에 나는 엉뚱하게도 그 임기가 끝나는 때를 생각해보고 있다.

머릿속에 오가는 생각을 두서없이 펼쳐본다면 우선 많은 사람들이 말하는 바와 같이 15대 국회는 '21세기를 여는 국회'라는 역사성이 있다. 이 점은 매우 중요하다. 이것은 15대 국회가 구성원들의 단순한 정파적 이해관계를 넘어서서 세기적 전환기에 서 있는 우리 사회의 방향설정과 관련한 중요한 '공론의 장'이 되어야 한다는 것을 의미한다.

이쯤에서 한번 14대 국회를 돌아볼 필요가 있다. 14대 국회는 행정부에 의해 제기된 중요한 국가적 이슈들에 있어서 철저히 따로 놀았다는 감을 준다. 세계화니 개방화 또는 사법개혁이니 교육개혁 등 각종 개혁논의에 있어서도 이런 문제들을 둘러싼 논란은 주로 행정부와 시민사회단체 간에 활발하게 있었지, 정치권이 진지하게 논의에 참가했던 적이 별로 없다. 글쎄, 그런 것도 또 언론의 책임으로 돌려버리려고 할는지 모르지만 적어도 우리 언론에 보도된 정치권 관련 기사에서 가장 빈도수가 높았던 것은 여전히 97년 '대권의 향방'에 관한 것이 아니었나 싶다. 그것도 '무엇을' 위한 대권 논의가 아니라 '누가 어떻게'를 다루는 '시나리오 작업'의 수준을 벗어나지 못하는 것이었다. 심하게 말한다면 정치가 국가사회를 선도하기는커녕 정치 스스로가 이익집단화하여 자신을 게토(Ghetto)화하고 있었던 것은 아니었나 하는 생각까지 든다.

21세기를 여는 국회는 당장 구체적 현실로 다가오고 있는 통일문제에 대한 국민적 합의를 이끌어내야 한다. 쌀을 주고 안 주는 문제 같은 것도 각자 표가 떨어질 것인가, 올라갈 것인가 따위의 얄팍한 계산으로 결정할 일이 아니다. 돌발사건에 따라 어제 다르고 오늘 달라지는 하루살이 대북정책으로는 더이상 통일에 대비해나갈 수 없다.

또한 통일문제는 이제 더이상 남-북만의 문제가 아니다. 4자회담이니 6자회담이니 하는 이야기가 말해주듯이 한반도 통일문제는 바로 주변 이해당사국들과의 치밀하고도 뚝심있는 우리의 '주체외교'를 필요로 한다. 정치권은 이제 외무부 장관이 혼자 돌아다니면서 외교적 성과가 있었느니, 어디 가서 홀대를 받았느니 하는 '외교사무적' 차원에서 문제를 다룰 것이 아니라 민족의 명운과 이해가 달린 국가의 생존전략 차원에서 주체적이고 장기적인 대외정책의 기틀을 마련해야 한다. 하기는 지금까지 우리 외교정책이란 것이 주로 워싱턴의 브리핑에 의존해야 하는 실정이었으니까 너무 외무관료들만 갖고 뭐라고 할 일도 아니다.

대내적으로 민주사회의 합리성과 효율성을 확보하는 일도 15대 국회의 과제로 이월되었다. 세계화, 개방화는 점차 현실로 되고 있다. '지구촌 자본주의' 시대에 아직도 봉건시대의 관행을 갖고 무한경쟁에 나서야 하는 우리의 현실을 빨리 개선해야 한다. 아직도 노동자를 경영의 파트너로 보지 못하고 노조와의 대립에 쓸데없는 에너지를 낭비하는 현실, 기업을 자신의 개인 소유물로 인식하고 "믿을 것은 핏줄뿐"이어서 2세, 3세의 소위 '오너 체제'만이 성장의 유일한 원동력인 것으로 착각하고 있는 재벌들의 봉건적 사고, 정부의 '권위'에 도전하는 것은 여전히 불순한 행위로 간주하는 '국가보안법' 식의 봉건적 법질서, 이런 것들이 빨리 정리되어야 한다. 이런 사회적 효율성과 합리성이 갖춰지지 못하면 우리는 다른 나라들과 경쟁하는 데 있어서 다리에 모래주머니 몇개씩은 차고 뛰는 꼴이 될 것이다.

2000년 5월 29일에 임기가 끝나게 되어 있는 15대 국회 이야기를 하고 있는데 우리 정치를 음모 가득찬 시각으로 보는 이들은 또 어디에선가 이렇게 얘기하고 있을지도 모른다. "15대 국회가 언제, 어떻게 될지 누가 알아?"라고. 내년의 대통령 선거를 앞두고, 또는 대통령 선거가 어떻게 치러지는가에 따라 정치권의 새로운 '헤쳐 모여'는 여전히 가능하지 않겠나 하는 이야기다. 때가 되면 또 내각제니 뭐니 하는 권력구조 논의가 나올 수도 있다는 것이다. 하기는 집권당을 비롯해서 제1야당이나 제2야당이나 그 당사(黨史)가 모두 1년 안팎인 한국정치의 허약한 체질에서 내일이 어떨 것이다라고 단정적으로 이야기할 수 있는 사람은 많지 않을 것이다.

그런 현실을 인정한다고 하더라도 제발 15대 국회에서는 일 좀 했으면 좋겠다. 일 잘하는 정당이나 그 지도자에게는 가만히 있어도 국민들이 표 몰아줄 것 같은데 일은 안 하고 마치 조선시대 대갓집 사랑방에 식객 들끓듯 하는 것을 무슨 "정치합네" 하고 돌아다니는 꼴은 이제 더이상 그만하라는 말이다. 실제로 그런 사람들 이번에 많이 떨어지는 것 보지 않았는가. '중진'은 무엇이고 '측근'이 무엇인가. 그것이 자기들 속에서의 얘기로 끝나야지 국민들에게 그런 것이 무슨 의미가 있단 말인가. 국민들이 원하는 것은 정말로 고민하면서 일하는 정치인의 모습이다. 세금 꼬박꼬박 내가면서 자신의 몸뚱어리로, 발로 뛰며 가족을 부양하기 위해 하루하루의 삶을 고단하지만 성실하게 채워가는 국민들만큼 진지하고 노력하는 삶을 사는 정치인들이라면 왜 유권자들이 외면하겠는가?

15대 국회에서는 정말 '껍데기'는 모두 갔으면 좋겠다. 정치꾼은 모두 사라지고 우리 사회의 미래를 진지하게 고민하며 성실한 한 사람의 국민으로 살아가는 그런 정치인들만 남았으면 좋겠다. 2000년 5월 29일, 어떤 이들이 의원회관 자기 방의 짐을 꾸리고 있을까? 지금부터 생각해봐도 확실히 흥미로운 장면이다.

〈1996년 6월〉

# 뭘 보고 찍을 겁니까

### 찍기는 찍어야 할 텐데…

총선의 막바지 열기가 한창이다. 유권자들은 어떨지 몰라도 지금쯤 입후보자들의 입에서는 단내가 나고, 언론들은 금년 최대의 대목을 맞은 흥분으로 달아올라 있을 것이다.

그러나 막상 유권자들은 고민이다. 누구를 찍을 것인가?

조사기관마다 약간의 차이는 있지만 대략 우리나라 유권자의 30~40퍼센트는 투표 한 주일 전까지도 찍을 후보를 결정하지 못하고 있다고 한다. 그렇다면 지금 이 글을 읽는 독자들 중에도 똑같은 고민을 하는 분들이 있겠다. 누구를 찍어야 하지? 아니 그보다 뭘 보고 찍어야 하나? 그 사람이 다 그 사람같이 잘난 것 같거나, 아니면 자기지역의 입후보자들이란 사람들이 하나같이 다 그 밥에 그 나물인 것같이 신통찮아 보이거나, 어느 경우에도 고민은 마찬가지다.

이번 선거에서 유권자들을 더 헷갈리게 하는 것은 자기가 지금까지 지지해온 정당과 입후보자가 반드시 맞지는 않는다는 것이다. 전통적으로 보수적 성향을 보여온 여당 지지자들 입장에서는 옛날 '운동권' 인사가 자기 지역의 여당 후보로 나오는 데 적잖이 당황하게 될 것이며, 수십년간 민주화운동의 화신처럼 되었던 분이 이끄는 야당을 지지해온 사람들이라면 옛날 독재정권의 관료나 여당 중진이었던 사람들이 후보자로 나서는 것이 영 마땅치 않을 수도 있다. 각 정당들이 내년의 대통령 선거, 이른바 '대권 게임'을 앞두고 경쟁적으로 자기 당의 의석수 불리기에 뛰어듦으로써 종래의 정당 간 차별성이 완전히 무시되는, 이른바 '정당파괴' 현상이 가져오는 혼란이다. 보수적 유권자층의 표를 모으기 위해서 누가 더 보수적인가 하는 '원조 보수' 논쟁이 정당간에 벌어지는가 하면 변화를 원하는 유권자들에게는 같은 입으로 "우리가 더 개혁적"이라는 주장을 하기도 한다.

## 공천은 믿을 만한가

각 당이 자기 당의 후보를 공개적으로 추천한다는 이른바 '공천'에 대해서도 얘기해보자. 각 정당은 틈만 나면 "공당(公黨)으로서의 책임" 어쩌구 하는 얘기를 한다. 아울러 유권자들에게는 자기 당이 공적으로 추천한 후보들에게 표를 모아달라고 호소한다. 그러나 잘 알다시피 우리나라에서는 선거철마다 이상한 현상을 보게 된다. '전국구'를 '돈국구' 또는 '錢國區'라고 비아냥대던 현실은 얼마나 개선되었는지 모르겠다. '공천 장사'란 말도 이미 들어온 지 오래

다. 이 정당에서 공천을 못 받은 사람은 다른 정당 문앞을 기웃거리고, 그래서 어떤 당은 이런 공천 탈락자들을 주워 모으는 이른바 '이삭줍기'를 통해 꽤 쏠쏠한 재미를 보기도 한다고 한다. 지난번 선거때 나왔던 얼굴들이 이번에도 다시 보이는데 정당이 영 다른 경우도 많이 볼 것이다. 여당 후보로 나왔던 사람이 이번에는 야당이나 무소속 후보로 나오는가 하면 그 반대의 경우도 있다. 정당별로 공천의 어떤 기준이라는 것이 없기 때문에 '철새 정치인'이 생겨나고, 또 그 철새들로 이루어지는 '철새 정당'이 버젓이 선거판에 이름을 내걸고 유권자들의 한 표를 호소한다.

그런가 하면 공천에 탈락했다고 해서 어제까지만 해도 그 앞에서 죽는 시늉까지 하던 보스를 향해 가만있지 않겠다는 협박을 해대고, 공천 심사에 참석했던 심사위원들은 공천 발표와 함께 짐을 싸서 잠적해버리는 해괴한 일들이 벌어진다. 어떤 공정하고 객관적인 기준이 있다기보다는 당의 보스에 의해, 또는 계파별 나눠먹기 식으로 공천이 이루어지고 있다는 비난을 자초한다.

더욱 한심한 것은 무소속이 불리하게 되어 있는 현행 선거법을 빌미로 정당을 급조해 '공천 장사'를 하는 일이 백주대낮에 일어난다는 것이다. 무슨 '무정파 연합'이니 무슨 '무당파 연합'이니 하는, 도대체 정치적으로 뭘 어떻게 하겠다는 건지 아리송한 단체들이 나온다. 이들이 공천을 원하는 후보들로부터 금품을 받는지는 모르겠지만 개정된 선거법에서는 지역구 의석비율에 의해서가 아니라 득표율에 따라 전국구 의석을 배분하기 때문에 잘만 하면 전국구 의석도 한자리쯤 기대해볼만 한 것이다. 이쯤 되면 우리 정치나 선거판이라는 게 보따리장수들의 난전판과 다를 게 도대체 무엇이란 말인가?

그렇다고 기권을 한다?

정당의 공천이라는 것도 별로 믿을 게 못 되고 후보라고 하는 사람들도 다 자기의 잘난 점, 잘 하겠다는 얘기만 골라 하니 유권자들로서는 여전히 헷갈린다. 찍을 사람도 마땅치 않은데 그날 날씨 좋으면 놀러나 갈까 하는 사람들 분명히 있을 것이다. 당연한 말이지만 절대로 그러면 안된다. 왜? 나는 여기서 '민주시민의 의무'니 '권리'니 하는 말로 기권의 유혹 앞에 서 있는 유권자들을 설득할 생각은 없다. 다만 '백수'가 아니라면, 말하자면 갑근세나 사업소득세나 종합소득세를 내는 처지라면, 아니 백수라도 관계없다. 우리가 열받는다고, 혹은 기분난다고 마시는 한 병의 소주, 한 병의 맥주에도 꼬박꼬박 소비세는 붙어나오니까 우리는 납세자로서 우리의 '본전' 생각을 하여야 한다.

정당들에 지급되는 국고보조금, 또 선거를 치르는 데 들어가는 유무형의 경비는 엄청나다. 이게 다 우리 세금 가지고 하는 일이다. 작년 국민 1인당 조세부담율이 20퍼센트를 넘었다니까 뼈빠지게 번 돈의 5분의 1을 세금으로 냈다는 얘기다. 그런데도 선거를 잘못 치러서인지 어째서인지 우리는 이 많은 돈을 써가면서도 매번 '4류 정치'밖에 갖지 못한다고 한다. 그 나라 정치는 그 나라 국민의 수준 이상은 안된다는 얘기도 있는데 그렇다면 우리가 '4류 국민'이기 때문에 4류 정치밖에 갖지 못한다는 말인가? 참으로 억울하지만 이야기는 그렇게 된다. 돈은 돈대로 써가면서도 별로 좋은 꼴 못 보고,

게다가 일이 그렇게 된 것이 내 책임이라고 하면 정말 미치고 환장할 일이지만 우리 현실은 또 그렇게 되어 있다. 정치인들의 부정부패를 욕하고 지역주의니 파당정치를 비판하지만 여전히 적지 않은 유권자들이 선거철만 되면 웬만한 동네 계모임에도 입후보자들을 불러대고, 행사장에서 수건 한장, 비누 몇개라도 더 받아보겠다고 아우성을 치고, 그리고 투표장에 가서는 결국 "고향 앞으로 가" 하는 투표행태를 보여오지 않았는가? 이런 꼴들이 보기 싫어 아예 투표장엘 가지 않았다고 항변하실 분들이 있을지 모르지만 글쎄 그 얘기도 별로 근사한 얘기는 못 된다. 이 역시 정치가 '개판'으로 굴러가도록 놔두었다는, 4류 정치에 묵시적으로 동조했다는 비난으로부터 자유롭지 못할 테니까. 그래서 투표는 반드시 해야 한다. 그리고 이젠 정말 결정을 하자.

### 이런 사람이나 정당 찍자

이번 선거에서는 절대로 연고만 보고 찍지 말자. 고향사람이니까, 학교 동문이니까, 같은 교회사람이니까, 종씨니까 하는 식으로 찍지 말자는 말이다. 물론 고향사람이라고 찍지 말란 법 없고 동창이라 안 된다는 법은 없다. 그러나 국회의원을 뽑는 기준이 단지 그가 같은 고향사람, 혹은 학교 선후배이기 때문이어서는 안 된다. 나는 만약 내 지역의 입후보자가 먼저 어떤 식으로든지 나와의 사적 연고를 내세워 접근해온다면 일단 그 후보는 대상에서 제외해버릴 것이다. 내가 국회의원을 뽑는 것이지 무슨 향우회장이나 동창회장, 또는 종친회장을 뽑는 것은 아니지 않은가? 자기가 국회의원에 나오는 건지 향우회장 선거에 출마하는 건지도 분간 못하는 후보를 찍어야 할 이유는 없다.

정당도 마찬가지다. 무슨무슨 도(道) '푸대접론'이니 또는 '무대접론'이니 하는 것을 내세우며 민심을 분열시키는 정당은 찍지 말자. 마찬가지로 "우리가 남이가?" 어쩌구 하면서 국회의원 총선거를 청백전으로 나눠 싸우는 국민학교 운동회 수준으로 떨어뜨리는 정당도 찍지 말자.

많은 국회의원 입후보자들이 지역개발 공약을 내세운다. 그러나 이것도 너무 복고풍이다. 지역문제를 해결하라고 우리는 이미 지방자치단체장도 뽑고 지역의회도 만들지 않았는가? 적어도 국가와 사회를 어떤 방향으로 끌어가겠다는 경륜 있는 후보를 국회로 보내야 한다. 국회의원 후보에게 지역민원 해결을 너무 요구하는 유권자들도 문제지만 동장이나 구청장의 시각을 갖고 국회에 진출하려는 후보도 자격미달이다.

요즘은 선거 관련 시민운동이 활발해져서 선거 때가 되면 이런 후보는 찍고, 이런 후보는 찍지 말자는 팜플렛이 나돈다. 꽤 자세하게 여러 항목을 제시하고 있어서 그런 것을 참고하는 것도 투표에 도움이 된다. 나는 여기서 몇가지 내나름의 기준을 제시하고자 한다.

첫째, '간신형'이 아닌 사람을 찍자. 간신은 사극에만 나오는 게 아니다. 자신의 모든 정치행동을 보스의 입맛에 맞는가 아닌가를 기준으로 판단하고 행동하는 사람, 그 줄이 어디로 향하는 줄인지도 모르면서 보스가 앞장선 줄이기에 열심히 그 줄끝을 쫓아가는 사람, 이들이야말로 현대판 간신이다. 여야를 막론하고 이런 사람들이 정권을 잡았을 때는 자신을 뽑아준 국민은 안중에도 없이 '윗

분'의 '심기(心氣) 경호'에만 급급할 것이기 때문이다. 그리고 국민의 입장에서는 각자 자신의 정치적 소신을 갖고 적극적으로 국정에 임하는 정치인을 원하는 것이지 단지 어느 정당의, 또는 어느 대권 후보의 정치적 야심을 위한 '머릿수'를 채워주기 위해 투표장에 가는 것은 아니기 때문이다.

둘째, 무슨 직업이든지 자신의 생업을 가지고 있는, 또는 갖고 있던 사람을 찍자. 옛날 국회의원 입후보자의 직업란에 가장 많이 등장하던 것이 '정당인'이라는 것이었다. 당시 '정당인'이라는 것은 일정한 직업 없이 정치권을 배회하는, 직업적인 백수건달에 다름아니었다. 옛날보다는 우리 사회가 많이 발전해서 이제는 직접 농사를 짓던 사람도 국회의원이 되고 교수·변호사 같은 전문직업인들의 등장도 많아졌다. 사회는 날로 복잡해져가고 사회구성원들간의 이해관계도 매우 복잡한 양상을 띠어가고 있는 오늘날, 생활이 대중과 유리된 정치인이라면 우리 사회의 복잡한 문제들을 제대로 이해하지도 못할 뿐더러 문제의 해결능력은 더더욱 기대할 수 없게 된다. 대다수 국민이 매일매일 영위하는 생업의 어려움을 이해할 수 없는 '낭인' 출신이 정치가가 된다면 어떻게 우리 사회의 현실적 어려움을 해결해나갈 수 있겠는가? 아울러 남의 돈을 몇천, 몇억씩 먹으면서도 "정치하려면 어쩔 수 없다"고 태연자약하게 말하는 사람. 도대체 대다수의 사람들이 한달 한달을 얼마나 힘겹게 살아가고 있는가를 조금이라도 이해한다면 이런 소리 절대 못할 것이다. 정치하는 게 무슨 대단한 감투라고…… 이런 사람은 절대 뽑아서는 안 된다.

마지막으로 '사표(死票)'를 너무 의식하지 말기 바란다. "사람은 괜찮은데 찍어줘도 과연 당선될 수 있을까?" 또는 "승패는 어차피 큰 정당들간의 싸움에서 결판날 텐데 군소정당 소속을 찍어서 될까?" 하고 고민하는 유권자들이 있다. 그러나 진지하게 생각해본다면 유권자들의 이런 사표심리가 기존 정당들의 오만과 기득권을 부추겨준 측면도 있다. 투표를 통해서 유권자들은 우선 자신이 원하는 후보를 정치무대에 올리고 싶겠지만, 투표는 또한 민의의 소재가 어디에 있는가를 확인하는 바로미터가 되기도 한다. 소선거구제로 되어 있는 현행 국회의원 선거제도는 1등만을 뽑게 되어 있는 치열한 싸움터다. 아무리 참신하고 능력있는 인물이라도 유력정당의 공천을 못 받는다면 매우 어려운 싸움이 된다. 정치신인의 등장이 상대적으로 어렵게 되어 있다. 또 정치개혁을 부르짖는 신생 정당이나 군소정당으로서도 싸움이 버거울 수밖에 없는 선거제도이다. 이런 제도 하에서 유권자들은 자신이 지지하는 후보의 당락 못지않게 자신이 지지하는 바가 무엇인가를 명확히 밝히기 위해서 소신에 따라 투표하는 것이 매우 필요하다. 만약 유권자들이 사표심리를 너무 의식하지 않고 소신에 따라 투표한다면 변화하고 있는 민의의 흐름을 전국적인 차원에서는 명확하게 확인할 수 있게 될 것이다. 특히 개정된 선거법에서는 의석수가 아니라 득표율에 따라 전국구 의석을 배분하게 되어 있으니까 던져지는 유권자의 한 표가 완전한 사표가 되는 일은 없게 되었다.

보스의 입장에서가 아니라 국민의 입장에서 생각하고, 그리고 국민 대다수와 생활감각을 함께할 수 있는 사람, 자신의 많은 것을 희생하고라도 우리 정치와 사회를 개혁하기 위해 사심없이 헌신하겠다는, 그리고 그런 말의 진실성이 그 사람이 살아온 과정을 통해 느껴지는 사람이 혹시 출마예상자 명단에 들어 있는지, 마지막으로 한번 훑어보자.

〈1996년 4월〉

# 정치 안 하십니까

정치 안 하십니까?

총선이 하루하루 다가오고, 각 당이 '영양가' 있는 인사들의 영입을 위해 서로 혈투를 벌이고 있던 때에 필자는 부쩍 이런 질문을 많이 받았다.

"정치 안 하십니까?"

이 질문은 말하는 사람에 따라 약간씩 다른 뉘앙스를 풍겼지만 기본적으로는 '접대용' 인사에 가까운 것이었다. 각 텔레비전 방송국의 간판급 앵커들이 '차출'되고 '참신하고 전문성' 있는 인사들이 상종가를 때리던 때여서 텔레비전 앵커만큼 얼굴이 팔리지는 못했지만 그래도 한 라디오의 대표적 시사프로그램을 2년째 진행하고 있고, 요즘 발에 채이는 것이 박사라고 하지만 그래도 명색이 정치학박사라니까 두루두루 대접해줘서 말을 걸어오는 이들이 많았다. 텔레비전 진행자가 아니어서 내 얼굴이 '충분히 팔리지' 못한 것을 안타까워하는 이들은 이런 조언도 아끼지 않았다.

"이번에는 말구, 앞으로 테레비 같은 데서 좀더 뛰다가 다음번에 나가시죠!"

"………"

이런 친절한 조언에는 그냥 애매한 미소를 지으며 대답을 포기하는 수밖에 없다.

다음으로는 내 지난 시절을 기억하거나, 나를 아주 활동적인 사람으로 기억하고 있는 사람들, 좀 과장되게 말한다면 내가 아직 '때를 못 만나서'(?) 이렇게 지내고 있다고 생각하는 사람들이 있다. 특히 후배뻘 되는 사람들은 "누구는 벌써 뭘 하고 있는데 선배님 같은 분은 뭘 하고 계십니까?" 하고 힐난조로 물어온다. 정치를 통해 '출세'하지 못한 나는 이런 때 입을 다물고 있을 수밖에 없다.

그래도 마냥 장난스러워질 수만은 없는 질문들도 있다. "당신 언제까지 평론만 하고 있을 거냐? 직접 나서서 뭘 만들어봐야 되지 않느냐?"는 것이다. 그러면 나는 다소 당황하면서 내가 얼마나 게으른 사람인가 하는 것부터 설명하게 된다. 새벽 약수터에서부터 시작하여 온종일 사람이 모일 만한 곳이면 모두 찾아다니면서 악수를 나누어야 하는, 지역구 내의 초상집이란 초상집에는 모두 얼굴을 내밀어야 하는 그런 부지런한 생활을 나는 할 수 없노라고. 사생활 같은 것은 모두 포기해야 하는, 그리고 그런 것을 감당하겠다는 공직자로서의 투철한 사명의식을 아무래도 나 같은 보통사람은 갖기 힘들겠다고, 카메라가 돌아갈 때 조금이라도 더 보스 곁에 가까이 서서 찍힐 정도의 부지런함이 아무래도 부족하다고. 그리고 '오야붕'의 입장에 따라 어제까지 내가 하던 얘기와는 전혀 반대방향의 애기를 사람들을 향해 할 정도로 간이 크지도 못하다고, 나는 열심히 때로는 땀도 흘려가며 변명 아닌 변명을 하게 된다.

이 글을 읽는 독자들께서는 전혀 오해하지 마시기 바란다. 이 사람, 은근히 이런 식으로 언젠가를 위한 선거운동을 하는 게 아닌가? 하는. 그러나 아니다. '정치'란 화두를 어떻게 하면 좀더 사실적으로 풀어낼 수 있을까 하는 필자 나름의 고민에서 이런 논술방법을 택하게 된 것뿐이니까.

정치란 과연 모든 것을 포기하고 달려들 만큼 매력적이고 존귀한 것일까? 평소 입만 열면 '정치는 4류'라고 합창하던 인사들이 막상 정치권에서 가벼운 손짓만 해도 앞다퉈 달려갈 정도로 위력있는 것이 여전히 정치인가? 그리고 그 '쟁쟁한' 인사들은 정말 무엇을 위해서 '정치의 장'으로 몰려들고 있는 것인가?

### 정치 왜 하려고 하는 겁니까?

선거가 가까이 다가올수록 정치부 기자들이 우선 살 만한 것 같다. 매일매일 '꺼리'를 찾아 헤매지 않아도 될 정도로 기삿거리가 무궁무진하기 때문이다. 누가 어느어느 당에 영입될 것 같고 누구누구의 공천이 될 거라느니 안 될 거라느니, 어느 선거구에서는 무슨 고등학교 선후배가 대결하고, 어디에서는 사제지간의, 또는 형제간의 대결이 될 거라는 둥, 어느 당은 공천후유증이 어떻고 어느 당은 무슨 '이삭줍기'에 신나 있다는 둥, '텃밭'이 어떻고 '물갈이'가 어떻고…… '꺼리'는 끝이 없다. 누가 어느 당에 들어가기로 했는데 다른 당으로 '영입'됐다는 기사도 한때 유행했다. (정당이란 것이 '정치적 지향을 함께 하는 당원들로 이루어진 집단'이라는 고전적 정의는 이땅에서 설 자리가 없다. 입후보자들이 정당이란 것을 마치 수퍼에서 물건 고르듯 하는 풍토에서, 어떻게 유권자들한테만 올바른 선택을 하라고 할 수 있겠는가?)

이렇게 선거 관련 기사들이 빽빽하게 정치면을 채우고 있지만 정작 어느 후보가 무엇 때문에 '정치판'에 뛰어들게 되었는가 하는, 소위 '출사의 변' 같은 것을 찾아보기는 힘들다. 정당도 마찬가지다. 여당이 소수당이 되면 정국이 불안하니까라든가 또는 자기네가 3분의 1 의석을 확보 못하면 여당이 개헌할지도 모르니까 하는 식의, 말하자면 여야를 막론하고 각자 '땅 따먹기'에 참가하는 이유만을 얘기할 뿐 도대체 이 나라를 어떻게 끌어나가겠다든가 이 사회가 어떤 방향으로 가야 한다든가 하는, 가장 기본적이면서도 유권자가 듣고 싶어하는 비전을 내놓는 정당은 없다. 왜 그 정당이 정권을 잡아야 하는지가 불분명한 채 선거판에서도 유권자는 여전히 '장기판의 졸' 신세를 면치 못하고 양김인지 3김인지의 끝도 없는 대권게임의 관객으로 동원되고 있는 것이다.

이제부터라도 유권자들은 물어봐야 한다. 한 표를 호소하며 골목골목을 누비게 될 후보들, 특히 정치판에 새로 '차출'된 사람들에게는 더욱 확실하게 물어봐야 한다. 정치를 왜 하려고 하는지. 당신의 정치참여를 통해서 우리 사회를 어떤 방향으로 변화시켜나가겠다는 것인지. 당신은 4류라고 일컬어지는 우리 정치를 최소한 3류 수준으로라도 끌어올릴 어떤 방안을 가지고 있는지.

이런 질문에 전혀 준비가 안 된 후보들에게라면 차라리 이렇게 물어봐야 할 것이다. 그동안 벌어놓은 돈이 좀 있다고 해서 나오는 것은 아닌지. 아니면 정당 보스가 텃밭을 보장해줘서? 지역유지 축에 끼니까? 자기 사업에 바람막이가 필요해서? 그도 저도 아니라면 그 후보가 혹시 '정치 건달'이나 '출마 상습자'는 아닌지 등등을 물어봐야 할 것이다. 그리하여 이 정치의 계절에 우리는 "정치 안 하십니까?"라고 묻기보다는 "정치 왜 하십니까?"라는 좀더 본질적인 질문을 던져야 할 것 같다.

### 마지막으로 한마디!

우리 중 일부는 "정치는 개판" "정치란 점잖은 사람들은 못할 짓" "정치는 4류" 하며 마치 정치를 혐오하는 것이 이 시대를 사는 교양 있는 사람의 기본 에티켓인 것처럼 행동하기도 한다. 그러나 우리가 왕조시대에 사는 것은 아니지 않은가? 우리 정치판은 기본적으로 선거에 의해 선출된 대통령과 국회의원 등 정치인에 의해 짜여지는 것인데 선거를 하고서도 4류 정치밖에 가질 수 없는 우리라면 우리는 결코 '일류'일 수 없다. 막상 투표일이 되어서는 "그놈이 다 그놈이지 뭐" 하며 투표를 포기하거나, 투표 안 하는 것을 마치 자신의 높은 정치수준을 과시하는 것으로 착각하는 일은 없도록 하자. 그래도 '그놈'들 중에 조금 더 '나은 놈'을 찾는 것이 선거니까.

〈1996년 3월〉

# 4·11, 잔치는 끝났다?

홍청대던 마당도 조용해지고, 손님들은 돌아갔다. 마당 여기저기 널린 찌꺼기와 개수대 한가득 쌓인 그릇들을 청소하는 일이 남았지만 일단 잔치는 끝났다. 연초부터 우리 사회의 가장 중요한 정치적 이슈가 되었던 15대 국회의원 총선거가 끝난 것이다.

손님들이 모두 돌아간 텅 빈 마당에서, 내일부터는 또다시 그렇고 그런 일상사로 돌아가야 하는 우리들에게 잔치가 남긴 것은 무엇일까?

## 유권자는 어디 있었나?

이번 선거의 특징 중 하나는 낮은 투표율이다. 중앙선관위 발표에 따르면 이번 선거에는 전국 평균 63.9퍼센트의 투표율을 나타내 역대 국회의원 선거 중 최저의 투표율을 기록했다. 투표소가 장애인의 접근이 불편한 2,3층에 마련되어 있어 부득이하게 투표를 포기했을 몇십만 명을 감안한다 하더라도 멀쩡한 사람들 천만 명 정도가 투표권을 행사하지 않은 것이다.

민주주의사회에서는 기권도 일종의 정치적 의사표시 행위로 간주되기는 한다. 옛날 공산주의권에서와 같은 100퍼센트 가까운 투표율이 설득력을 갖는 것도 아니다. 그러나 이땅에서 열다섯번째 치러진 이번 선거의 투표율이 이처럼 낮아진 것은 무엇 때문일까? 선거를 앞두고 그토록 많은 신문·방송이 투표참가를 권유했음에도 말이다.

일반적으로 생활수준이 높아지고 개인주의가 발달할수록 정치에 대한 관심이 전보다 엷어지는 경향은 있다. 정치말고도 신경 써야 할 곳, 재미있는 '꺼리'가 얼마든지 있기 때문이다. 그렇다고 하더라도 그것만 가지고 이렇게 투표율이 뚝 떨어진 현상을 설명하기는 어렵다. 3당 합당 후 치러진 지난 14대 총선 투표율이 '유신' 때인 9대 총선(71.4%) 다음으로 낮은 71.9퍼센트였는데 이번에는 그에도 무려 8퍼센트나 못 미치는 낮은 투표율을 보인 것이다. 더구나 각당이 치열하게 격돌했던 서울, 중부지역의 투표율은 전국 평균투표율을 밑돌았다. 서울 61.1퍼센트, 인천 60.1퍼센트, 경기 61.5퍼센트의 투표율이 이를 설명해준다.

야당은 젊은 층의 선거포기가 상대적으로 신한국당의 약진을 가져왔다고 한탄한다. 이 주장은 약간의 근거가 있다. 이번 선거에서 2,30대 유권자가 차지하는 비율은 55.8퍼센트였는데 수도권에서 2,30대가 차지하는 비율은 전국평균보다 높았다. 서울이 57퍼센트, 인천·경기가 각각 60퍼센트였는데 상대적으로 젊은 층이 밀집해 있는 수도권에서의 특별히 낮은 투표율이 소위 "신한국당 선전, 국민회의 패배, 자민련 약진, 민주당 몰락"이라는 정치지도를 만들어 낸 것이다.

유례없이 낮은 투표율을 설명하는 말들은 많다. 종래의 전형적인 '여-야'구도가 파괴된데다 의석수 확보에만 혈안이 된 각 당들이 자초한 '정당파괴' 현상으로 정당간 차별성이 없어져 유권자의 관심을 끌지 못했다든가, 선거 종반에 터져나온 장학로 비리사건을 여권이 야당의 공천헌금 수수의혹으로 맞대응하면서 유권자들 사이에 새삼스럽게 "정치는 더러운 것"이라든가, "그놈이 그놈이지" 하는 정치혐오를 확대시킨 점 등이 지적된다. 이렇다 할 뚜렷한 쟁점이 제시되지 못했다든가 지역구도가 고착되어버린 현실에서 일부지역에서는 투표 이전부터 결과가 뻔할 것이라는 인식이 확산되어 있었던 점도 투표율 하락의 원인이 되고 있다.

투표율이 낮을 수밖에 없었다는 여러가지 설명을 들어봐도 가슴이 답답하기는 마찬가지다. 소위 '3김'을 지지하든 반대하든 어느 한쪽의 입장은 있었어야 하는 것이 아니냐는 것이 필자의 솔직한 심정이다. 막연한 정치냉소주의만으로 과연 우리 정치가 고쳐지겠는가 하는 넋두리와 함께.

어쨌든 손님들은 갔다. 그들의 장기자랑이 신통치 않아 구경꾼도 전보다는 신통치 않게 모여 들었지만 그렇다고 아직 장사 자체를 치울 수는 없다.

### 선거 다 할 필요 있나?

이번 선거에서도 역시 지역분할구도의 공고함이 입증되었다. 부

112

산, 광주에 이어 대전이 새로운 후삼국시대의 수도로 편입되었다. 이들 3개 대도시에서는 모든 의석이 전부 그 지역 여당들에게 돌아갔다. 술집에서나 하는 얘기겠지만 정말 이들 지역에서는 투표하나 마나 미리 그 결과를 알 수 있는데 굳이 많은 돈 들여서 선거할 필요 있나 하는 자조적인 이야기들이 나올 수밖에 없다.

3김구도와 지역분할구도 타파를 들고 나온 민주당은 이 공고한 지역구도의 벽을 못 넘고 이제는 당의 간판을 내려야 할 정도로 파산하였다. 비록 9석의 의석에 불과했지만 이들이 서울·경기·강원·경북·경남에서 고루 지역구를 확보했다는 것은 '전국정당'으로 남으려 했던 이들의 '분투'를 느끼게 해주는 대목이다. 그러나 현실은 이들에게 원내교섭단체도 허락하지 않을 정도로 참담하다. 이기택, 김원기의 침몰도 비장하지만 노무현, 홍성우의 분전은 눈물겹다. 옛 민중당 출신 중 유일하게 반3김 정당을 택했던, 그래서 또 좌절해야 했던 장기표의 '외골수'도 가슴에 남는다.

지역구도가 고착화한 현실에서 정치평론가들은 이번 선거의 의미를 해석하기 위해서 수도 서울의 투표결과에 주로 주목하게 된다. 다른 지역은 뭐 어떻게 달리 해석해볼 여지가 없기 때문이다. 그리고 수도권에 주목하면 내년도 대통령선거를 위한 몇개의 시사점들이 나온다. 우선은 신한국당의 대약진을 들 수 있다. 언론들은 여당 사상 최초의 서울 승리라고 흥분하지만(여기에는 약간의 사실 오인이 있다. 4·19 이후에 치러진 1960년 7·27총선에서는 당시 여당이었던 민주당이 민의원 서울 16석 중 15석을 싹쓸이한 적이 있다) 충분히 이해할 만 하다. 전체 47석 중 27석을 여당이 장악했으니 과반수를 넘는 대승리다. 더구나 선거 전 예측으로는 10~15석이 서울에서의 신한국당 예상 의석이었던만큼 더욱 그렇다. 그래서 국민회의의 패배가 더 돋보인다. 30~35석까지 자신했던 국민회의이기 때문에 18석의 현실은 너무 참담하다. 민주당은 정말 몰락했다. 3선의 원내총무였던 이철과 비자금폭로의 스타 박계동이 모두 국민회의 후보들에게 당했다. 국민회의는 신한국당에 빼았겼던 의석의 일부분을 민주당으로부터 보충한 셈이다. 자민련은 전국적으로(?) 약진했는지는 몰라도 서울에서는 명함도 못 내밀었다.

### 억제할 수 없는 힘은 위험하다?

신한국당의 수도권 승리를 분석하는 일부 언론들은 "국민은 안정을 택했다!"는 식으로 제목을 달고 있다. 과연 그런가?

나는 이번 선거결과를 지난 6·27지방선거 결과의 대칭선상에 놓여 있다고 본다. 지난 6·27선거에서의 민자당 참패는 문민적 독선에 빠져 있던 여당에 대한 국민들의 심판의 결과이지 결코 당시 여당이 주장하던 바와 같은 '지역주의' 때문이 아니다. 마찬가지로 서울시장과 거의 대부분의 구청장 자리를 차지했던 민주당은 그것이 자신의 독자적인 인기 때문이 아니라 여당에 대한 견제심리에 따른 반사이익이었던 점을 냉철히 바라보았어야 한다. 오늘 야당의 실패는 바로 6·27 결과를 잘못 읽은 데 따른 필연적인 결과이다. 여당 견제용으로 밀어준 통합야당을 마치 자신에 대한 인기투표 결과로 오인하고 국민회의 창당과 정계복귀를 택한, 그래서 결과적으로는 야당분열에 책임을 지게 된 김대중 총재의 실패이다.

서울에서의 신한국당 승리의 의미는 과연 '국민의 안정희구 심리' 때문인가? 여기에는 몇가지 검증되어야 하는 전제들이 있다. 우선은 국민이라고 하지만 몇 퍼센트의 국민인가 하는 점이고, 여당 선택은 반드시 '안정 회구' 때문인가 하는 점이겠다.

서울지역에서 국민회의와 민주당이 얻은 지지율을 합산하면 48.75퍼센트로 36.5퍼센트를 얻은 신한국당보다 월등히 높다. 이는 결국 야당이 분열되지 않았다면 여당인 신한국당의 서울 압승은 불가능했을 것이라는 점이다.

둘째로 여당의 수도권 득표비율에 주목해볼 필요가 있다. 야당의 분열이 여당의 제1승리 요인이라면 왜 역시 야당이 분열되어 있던 13대 때의 민정당은 수도권에서 패배했는가? 전통적으로 서울은 야세가 강했다. 서울에서의 여당 득표율은 늘 전국 평균을 밑돌았다. '여촌야도'라는 말은 바로 이 서울의 야당강세 현상으로부터 나온 말이다. 13대 총선 당시 여당인 민정당의 전국득표율은 33.96퍼센트인데 서울에서의 득표율은 26.2퍼센트에 머물렀다. 8퍼센트 가까운 차이다. 그런데 이번에는 전국 득표율을 웃돌았다. 13대 당시와 비교하면 무려 10퍼센트 이상의 지지율 상승이다. 왜 그랬을까? 여러 요인이 있겠지만 우선은 여당이 지금까지 추진해온 개혁작업과 세대교체에 대한 유권자들의 지지가 있었다는 것을 지적하고 싶다. 안정 희구라는, 고전적인 여당에 대한 기대심리만으로는 서울지역에서의 상승세를 설명하기 힘들다는 말이다.

### 새로운 경주가 시작된다

지금 당장은 잔치 뒷처리와 각자의 손익계산에 분주하지만 선수들은 곧 다음 장날을 대비하여 또다시 장기자랑을 시작할 것이다. 누가 대표선수로 나갈 것인가를 두고 여당이 오랫동안 씨름을 벌일 것이고, 여당의 대표선수가 누가 되는가에 따라 판은 또 이렇게도, 저렇게도 바뀔 수 있다. 많은 사람들이 지적했지만 이번 선거는 결국 내년의 대선이라는 본게임을 준비하는 전초전이 되었다. 이번의 전투에서 이겼다고 내년까지 이어지는 전쟁에 승리하는 것은 아니다. 패자에게도 마찬가지다. 전투에서 졌다고 전쟁이 끝난 것은 아니기 때문이다.

여야는 6·27지방선거와 이번 4·11총선을 통해 모두 결정적으로 한방씩 먹었다. 유권자가 만들어놓은 절묘한 결과다. 왜 한방씩 먹은 것일까? 국민을 우습게 알고 유권자들이 만들어놓은 판을 자신을 위해 만들어놓은 판으로 착각한 일부 정치지도자들의 오만에 대한 심판이었다.

국민들은 왜 그대들에게 힘을 주고 키워주는가? 당신들의 원맨쇼를 보자고 키워주는 것인가? 아니다. 주어진 힘 앞에 겸손할 줄 알고 키워준 주인의 뜻이 무엇인지 헤아리는 신중함. 이런 것을 갖춘 '머슴'을 원하는 것이다.

〈1996년 5월〉

116

# 차세대 정치지도자, 어떻게 충원하나

## '정당의 세계화' 논의, 어떻게 되어 있나?

김종필씨의 민자당 탈당(95.2.9)과 자민련 결성(95.3.30), 그리고 뒤이은 지자제 정국 등으로 연초에 민자당 지도부가 야심적으로 내놓은 당의 세계화 구호는 지금 어느 구석에 묻혀버렸는지 모를 정도로 퇴색하였다. 정당의 '세계화'라는 것이 올바른 수사법인지는 보는 이에 따라 견해가 다를 수 있겠지만 당 총재인 김영삼 대통령이 제시한 몇가지 방향——예를 들어 당의 정책정당화라든가 당내 민주주의의 활성화 및 차세대 정치지도자 양성에 주력하는 정당 등——에서 보자면 적어도 우리 정당의 '근대화' 과제는 명확히 제시된 것 같다. 그동안 우리 정치학자들은 입만 열면 "대안제시 능력 또는 정책역량보다는 충성심에 의해 조직이 유지되어온, 몇몇 인물 중심의 붕당적(朋黨的)·사당적(私黨的) 구조, 정치지도자가 밑으로부터 커오는 것이 아니라 위로부터 '점지'되는 전근대적 정당체질"을 한국 정당의 문제점으로 지적해왔다. 이런 19세기적 정당체질로 21세기를 향해 나아가는 국가·사회부문을 정치가 지도할 수 없다는 것은 오래 전부터 지적되어온 사실이다. 이런 점에서 민자당의 근대화 목표는 결과적으로 세계화가 운위되는 시대에 살아남기 위한 정당의 생존전략으로 이해해도 좋을 것 같다. 이런 생존전략의 표현이 '여의도연구소'와, 비록 제한적이었지만 집권당 최초의 원내총무 경선제 도입 같은 것으로 나타났다. 당내 민주주의가 강조되었던 것에 비해 볼 때 원내총무의 제한 경선은 상징적 의미 이상의 것으로 보기 힘들지만 민자당이 약속한 시도지부장 경선제도 같은 것도 있으니 일단은 지켜볼 일이다. 당내 민주주의와 관련해서는 여러 계파가 각축하면서 총재, 부총재뿐 아니라 원내총무까지 완전 경선을 통해 선출하는 야당인 민주당이 앞서 있다. 지방선거와 관련하여 민주당은 지방선거 후보에 대한 공천권을 광범하게 지구당에 위임하고 있는 것도 눈여겨볼 일이다.

정책대안 제시 능력을 높이기 위해, 또는 당내 민주주의의 확장을 위해 여야 각당이 아직은 비록 선언적 수준에서이지만 나름대로 노력하고 있는 데 비해서, 상대적으로 여야가 움직이지 않고 있는 부분이 있다. 바로 차세대 정치지도자의 육성 문제이다. 민자당은 이를 당의 세계화 목표의 주요한 부분으로 언급하고 있으면서도 이를 위한 어떤 구체적 대안이나 방향도 제시하지 않고 있다. 민주당은 김대중 이사장이 언급한 정도의, "지도자는 밑으로부터 커오는 것이지 누가 키워주는 것은 아니다"라는 것이 원론적 수준의 가이드라인이 되어 있는 것 같다.

논의의 오해를 줄이기 위해서 먼저 정당의 '차세대 지도자'의 범위에 대해 말해둘 필요가 있다. 관습상 우리는 '차세대 지도자'를 바로 '대권주자'와 동일시하는 것 같다. 그리고 지방자치의 확대실시로 인해 이 '대권주자'는 앞으로 대통령 후보뿐 아니라 주요 시·도의 단체장 후보에까지 확대 적용될 것 같다. 이런 대권주자는 앞으로 우리 정치가 어떻게 발전하든 여전히, '점지'될 수도 또는 밑으로부터 커올 수도 있다. 이들은 이미 직업정치가 반열에 들어선 사람들이기 때문에 이들이 차세대주자로, 대권주자로 부각되느냐 못 되느냐 여부는 각자의 개인적·정치적 역량에 따라 결정될 수밖에 없다. 그러나 문제는 이들 직업정치가를 발굴하고 충원해내는 모집단(母集團)에 관한 것이다. 이들 직업정치가가 배출되는 현재와 같은 폐쇄적이고 수공업적인 구조 하에서는 장기적으로 정치에 유능한 인재가 지속적으로 유입되면서 정치가 사회 다른 부문을 선도해가기는 어려울 것이다. 특히 고도정보화 사회로 발전해가면서 사회가 다양화·전문화해가고 있는 현실에서 현재와 같은 정치인 충원구조로는 각 부문의 다양한 전문인력의 참여를 유도하기가 어렵다. 따라서 장기적으로 차세대 정치지도자 자원을 확보하기 위해서는 정당의 당원 충원방식이 혁신적으로 바뀌어야 한다. 여기서 나는 정당의 독자적 청년조직 건설을 제안하고자 한다.

### 어떤 형태의 청년조직인가?

정당의 청년조직 건설이라니 무슨 얘기냐고 따져 물을 사람들이 있을 것이다. 민자당이나 민주당은 물론이고 어떤 군소정당들에도 당 사무국 조직에는 반드시 청년국이라는 것이 있다. 또 당 외곽조직으로 민자당의 '민자청'이나 민주당의 '연청' 같은 청년조직도 있다. 이들은 선거 때 당의 전위조직으로 활동하기도 하고 당의 요원 경호 등에 동원되기도 한다. 지난날 야당의 당권을 둘러싼 각목사태 같은 때에도 어김없이 '청년당원'들이 등장했다.

우리나라 정당에 서구적 의미의 '당원'이 없는 것처럼 이들 정당의 청년조직 역시 엄밀한 의미에서 당원조직이라고 보기는 힘들다. 계보 보스나 지구당 위원장 등과의 개인적 연고, 즉 사적 연고에 의해 조직이 구성되기 때문이다. 또 청년조직이라고 하지만 3, 40대의 장년층이 주류를 이루고 있다. 정치에 관심을 갖는 정상적인 20대 시민이 공개적인 절차를 통해 정당의 청년조직에 가입해 활동하기는 힘들다. 건전한 상식을 갖는 일반시민이 공개적인 절차를 통해 정당에 가입하여 활동하기 힘든 것처럼.

근래의 각종 여론조사는 무슨 유행처럼 우리 국민이 얼마나 지지하는 정당이 없는가 하는 것들을 수치화해서 보여준다. 여야를 다 합해도 기존 정당에 대한 국민들의 지지율은 30퍼센트를 넘지 못한다. 20대의 정치 무관심은 더욱 심하다. 20대의 정치 무관심 때문에 한국에서의 선거혁명은 불가능하다는 소리까지 나온다. 기존 정치에 대해 비판적이면서 또한 냉소적인 그들이 투표일에는 다 놀러 간다는 것이다.

그러나 20대의 정치 무관심을 개탄하기에 앞서 한번 뒤집어 생각을 해보자. 레저의 발달과 문화의 다양화로 볼거리, 놀거리가 많아진 젊은이들이 뭐가 아쉬워서 그 골치 아프고, 별로 아름다워 보이지도 않는 정치에 관심을 가질 것인가. 또 백보 양보해서 정치에 관심있는 갸륵한 젊은이들이 있다 하더라도 정치에 대한 그들의 의사

표현을 흡수할 어떤 제도적 장치들이 마련되어 있는가 말이다. 젊은이들의 의견과 주장을 들어보기 위해 제도 정치권은 귀기울여본 적이 있는가. 그러나 이런 물음에도 사람들은 이제 식상해 있을 것이다. 그래서 각 정당이 청년조직을 별도로 육성하라는 제안을 하고 싶다. 구체적으로 말한다면 각 대학이나 산업체, 또는 지역에 정당의 청년조직을 당과는 별도로 건설하는 것이다.

우리 대학생들의 대부분은 법적으로 선거권(일부 나이 많은 학생은 피선거권까지)이 있는 시민이면서도 정치활동은 대부분 제한받고 있다. 정당활동을 금지하는 학칙 때문이다. 공무원들도 마찬가지 이유로 참정권을 제한받고 있다. 노조의 정치활동도 금지되어 있기는 마찬가지여서 젊은 근로자들이 정치에 관한 자신들의 욕구나 의견을 정당하게 표현할 수 있는 장이 마련되어 있지 못하다.

대학생 문제부터 먼저 말한다면, 현재 동아리 위주로 되어 있는 대학 써클활동에 정당활동을 보장하여 젊은이들에게 정치훈련의 기회를 만들어주고, 정당에는 정상적이고 공개된 과정을 통해 차세대 지도자들을 충원할 기회를 만들어주어야 한다. 대학에 민자당이나 민주당 또는 그 어떤 정당의 청년조직이 한 써클로 존재할 수 있어야 한다.

독일의 경우 각 정당들은 대학 내에 각자의 청년조직을 갖고 있다. 집권 기민당의 경우 기독학생연맹(RCDS)이란 청년조직이, 제1야당인 사민당은 청년사회주의자동맹(JUSO)이 각 대학별로 조직되어 있어 대학의 총학생회 선거도 이들이 중심이 되어 치르게 된다. 선거에서 얻은 득표비율대로 학생의회(Stupa)를 구성하고, 이 학생의회의 다수파가 총학생회 집행부를 구성하게 된다. 연방정부가 채

택하고 있는 내각책임제 원리가 총학생회 운용에도 그대로 적용되고 있는 것이다.

각 지역에는 또 대학 청년조직과 별도로 당의 청년조직이 결성되어 있어서 학생뿐 아니라 젊은 직장인, 자영업자 등이 이에 가입하여 활동하게 된다. 사민당의 총리후보였던 라퐁떼느 자르란트 주지사나 루돌프 샤핑 라인란트 주지사, 니더작센 주의 슈뢰더 주지사 모두 학생시절에 사민당 청년조직인 청년사회주의자동맹의 지도자로 활동하였던 인물들이다. 이들은 청년시절, 때로는 당 지도부의 방침을 비판하기도 하면서, 또 당 원로들이 주요한 정치적 이슈를 다루고 풀어가는 모습도 보면서, 풍부한 정당활동의 경험을 쌓아왔다. 이들은 다양한 정치훈련 프로그램과 토론 참여를 통해서 지도자로서의 소양을 쌓고 정책능력을 개발해왔다. 이들은 세대적 특성상 당 지도부보다는 비판적이고 진보적이어서 때로 당의 주요정책을 둘러싸고 당 지도부와 갈등을 빚기도 하지만 당내에서의 토론과정을 거쳐 이들의 입장을 순화시키고, 당은 또한 계속적인 시대변화에 자신을 적응시켜나갈 수 있게 되는 것이다.

우리는 아직도 정치를 비신사적이고 비생산적인 것으로 인식하여 공부하는 학생들이 정치에 관여하는 것을 못마땅하게 생각하는 사회적 분위기를 갖고 있다. 또 순수하고 양심적인 학생들의 열정이 정치인들의 야심에 이용당하는 것을 경계하기도 한다. 그러나 더 본질적인 문제를 생각해본다면 정치에 젊고 유능한 새로운 세대의 공급이 이루어지지 않은 것이 아마 우리 정치의 불행이 아니었나 싶다. 젊은이들에게 올바른 정치훈련의 기회를 주고, 청년들의 왕성한 정치적 에너지를 '가투(街鬪)'에 소진시키기보다는 건전한 대안 제시와 책임있는 시민역량으로 키워내기 위해, 그리고 역량있는 차세대 정치지도자를 키워내기 위해 정당들의 청년조직을 과감하게 혁신·확장하는 것이 이제 필요한 때이다. 이 문제에는 여야가 있을 수 없다. 사회의 다양화에 맞춰 논의되고 있는 진보정당의 성장도 이런 젊은이들간의 대안 경쟁 속에서 더 현실적으로 제기될 수 있다. 정당이 우리 사회를 앞장서 끌고 나가지는 못한다 해도, 최소한의 시대변화에라도 발 맞춰나갈 수 있기 위해서는 젊은 피의 수혈이 그 어느때보다 긴요하다.

〈1996년 4월〉

# 정치개혁, 이번 선거에 가능한가

## 정치권은 과연 21세기를 준비하고 있는가?

21세기의 성격은 세계화·지방화·정보화 등의 말로 잘 요약된다. 우선 종래의 고도로 중앙집중화되어 있는 국가권력은 상부로의, 또는 하부로의 권한의 재배치를 요구받고 있다. 폴 케네디(Paul Kennedy)는 앞으로 기존의 국민국가는 과감하게 높은 단위로, 또는 낮은 단위로 '권한의 재배치'(relocation of authority)를 요구받게 된다고 하였다. 유럽국가들에서는 이미 이 경향이 뚜렷하게 나타나고 있다. 유럽연합(EU)이나 세계무역기구(WTO) 또는 국제통화기금(IMF)이나 유엔 같은 초국가기구, 또는 아시아·태평양경제협력체(APEC)나 유럽안보회의(CSCE), 서방선진 7개국정상회담(G-7) 같은 다자간기구에 의해, 그리고 내부적으로는 지방자치발전에 따른 중앙권력의 하부로의 이양에 의해 종래 국민국가의 중앙권력의 분산이 지속적으로 이루어지고 있다. 이와같은 변화는 분명 우리에게도 많은 시사를 주는 것이다.

아울러 정보화사회가 요구하는 사회운영 원리는 권위주의적이고 수직적인 의사결정 구조보다는 사회 내 다양한 작은 집단의 창의성과 유연성을 요구하고 있다. 일사불란한 동원사회가 아니라 네트워크의 사회인 것이다.

학자들은 이런 21세기의 성격에 대해 이야기하고 있지만 우리 정치권은 과연 얼마나 이 문제를 진지하게 이야기하고 있는가? 선거를 맞아 각 당은 각종 정책이란 것을 내놓고 있지만 이것은 여기저기 흩어져 있는 표를 주워 모으기 위한 노점좌판식 정책이지 우리 국가·사회의 미래운명을 책임지고 끌어가겠다는 총정책, 비전은 어디에도 없다.

1995년 이후 우리나라의 화두는 단연 '세계화'였다. 문민정부의 지배이데올로기로까지 되었다. 냉전해체 이후의 변화된 세계질서 하에서 21세기에 대응하는 국가전략으로 세계화는 분명한 타당성을 갖고 있지만 이것 역시 '구호 따로 실천 따로' 놀고 있는 것이 현실이다. 이것은 일차적으로 정책집행을 책임지고 있는 행정부에 더 많은 책임이 있지만 이런 국가적 지향점에 대해 사회적 합의를 도출해내야 하는 정치권의 책임 역시 무시할 수 없다. 사회적 구호는 21세기를 향하고 있는데 정치행태는 여전히 6, 70년대 식이다.

보스 1인에 의해 당이 만들어지고, 그 당의 정책이 만들어지는, 그리고 정치자금 마련이 여전히 보스의 가장 중요한 정치적 능력과 자질이 되고 있는 것이 우리의 현실이다. 사회 각계의 상충하는 이해관계가 정당들에 의해 조정되고 협상되고, 그리하여 사회적 통합을 유지해내는 것이 아니라 모든 정치행위가 보스의 대권장악을 위한 장기프로그램 아래 이루어짐으로써 오히려 사회적 갈등이 정치적으로 증폭되는 정당구조를 우리는 갖고 있다. 이런 정치구조 하에서 정당들은 내일의 문제에까지 진지하게 관심 가질 겨를이 없는 것처럼 보인다. 미래에 대한 관심이라야 고작 1년 후의 대통령 선거를 대비한 각종의 시나리오를 그때그때 정치상황 변화에 따라 짜보는 정도의 것이 아닌가 한다.

세계화 못지않게 우리에게 중요한 구호는 여전히 '민주화'다. 민주화는 이제 단순한 정치적 구호가 아니다. 이것은 21세기에도 변함없이 중요한 사회운용법칙이 될 것이다. 동구권 몰락의 중요한 이유의 하나는 사회 각 구성원과 작은 집단의 창의성을 무시한 권력집중체제에 있다. 서방의 승리는 결국 이 사회가 갖고 있는 다원주의, '작은 것이 아름답다'는 것을 믿는 분산주의, 그리고 개인의 창의성을 믿는 민주주의에 있다. 이런 점을 고려해볼 때 우리 사회 정치개혁에 있어서 중요한 것은 일종의 문화혁명이 아닌가 하는 생각을 하게 된다.

구호로서의 민주주의가 아니라 생활양식으로서의 민주주의, 자기와 다른 것을 인정할 수 있는 관용의 정치문화, 모든 것은 끊임없이 변화한다고 믿는, 사회변화를 바라보는 열린 눈, 이런 것이 우선 우리의 정치문화로 자리잡아야 할 것이다. 여당의 권위주의를 비난하면서 스스로 또한 권위주의에 익숙한 야당, 입으로는 21세기를 말하면서 당내 분위기는 여전히 봉건적인 구조에서 한발도 나아가지 못하고 있는 여·야, 정치가 일반대중의 생활감각과 유리된 '정치전문집단'에 의해 스스로 게토화하고 있는 현실. 이런 근본적인 문제에 대한 진지한 고민들이 있어야 우리 정당발전의 숙제인 당내 민주화, 정책정당, 대중적 지지에 튼튼히 뿌리박은 국민정당이 비로소 가능할 것이다. 그리고 이런 지도력을 바탕으로 21세기 우리의 과제에 대한 사회적 합의를 이끌어낼 수 있어야 정치는 우리 사회에서 여전히 자신의 지도적 위치를 주장할 수 있게 될 것이다.

### 우리에게 '정치'는 과연 무엇인가?

새삼스럽고 진부한 질문일지라도 우리는 다시 한번 정치를 하겠다는 총선 후보나 '대권'을 노리는 정치지도자들에게 물어봐야 한다. 무엇 때문에 정치를 하겠다는 것인지. 봉건적인 '권력관' 하나로 이 진흙탕 싸움에 뛰어드는 것은 아닌지. 온갖 미사여구를 늘어놓고는 있지만 근본적으로 국민을, 유권자를 '장기판의 졸' 정도로, 자신들의 권력욕을 실현하기 위한 도구쯤으로 생각하고 있는 것은 아닌지. 그렇지 않다면 변화하는 이 시대에 적응하기 위한 큰 정치의 줄거리를 국민들에게 제시할 수 있어야 한다. 멀지 않은 시기에 우리 민족의 운명을 좌우하게 될 통일문제에 대해서도 명확한 입장과 대책을 내놓아야 한다. 그것이 표에 어떤 영향을 줄 것인가의 정략적 관점에서만 관심을 갖고 발언하는 정치지도자들에게 우리의 21세기를 맡길 수는 없다.

다원화된 서구 선진산업사회에서도 아직 정치는 사회부문을 선도하고 있다. 레이건 행정부의 소위 레이거노믹스나 클린턴의 클린턴노믹스는 나름대로 그 사회와 국가의 진행방향, 운영방식 등에 대한 큰 노선을 제시해주고 있다. 그러나 우리는 여전히 정치가 다른 부문을 선도하기는커녕 오히려 다른 부문의 짐이 되고 있다.

정치가 사회의 변화욕구나 에너지를 수용 내지 반영해내지 못하고 있는 것은 기본적으로 정치가 소수 '정치기술자'들에 의해 독점되고 있기 때문이다. 이 독점구조를 타파하고 '대표성의 위기' 문제를 해결하는 것, 이것이 우리 정치개혁의 일차적 목표가 되어야 하고 이는 우선 정당구조의 개혁으로부터 시작되어야 한다.

### 정치개혁 또는 정당구조 개혁을 위한 과제들

첫째로 근대적 대중정당의 건설이 여전히 중요하다. 새삼스럽게 웬 '근대성'이냐고 할지 몰라도 여전히 '근대화'는 우리 사회의 과제이다. 문민정부 초기에 '법대로' 즉 법치주의가 강조되었는데 이는 바로 근대성을 확립하기 위한 우리 사회의 노력이었다고 보여진다. '인치'가 아닌 '법치', 지도자의 자의나 관용에 의한 사회운영이 아니라 사회적 원칙에 의한 운용, 이것이 바로 한 사회의 근대성을 재는 잣대이다. 이런 점에서 보스 한 사람에 의해 정당이 만들어지고 또 해체되는 우리의 정당들은 근대정당이라고 볼 수 없다. 지금까지도 쿠데타가 빈발하고 있는 아프리카의 집권당이나 아랍의 부족정당과 같이 제3세계형 정당이라고 한다면 모를까.

공식적인 당의 원칙이나 정책이 그 지지자들의 합의에 의해 만들어지고 당직이 공개적이고 공정한 경쟁절차에 의해 점유되는, 그러면서 당이 당원의 당비를 기본으로 운영되는 정당. 이것이 근대적 대중정당이다. 이는 전혀 교과서 안에만 존재하는 정당이 아니다. 100년 이상의 역사를 갖는 독일 사회민주당이나 영국 노동당 등이 그 예다. 보수정당이라 할지라도 독일 기독교민주당이나 중간파 정당인 자유민주당도 당정책에 대한 당원들의 활발한 토론이 있고 당직은 지구당부터 민주적으로 선출된다. 최근 건설된 독일 녹색당은 대중정당으로 가장 모범적이다. 지방의회로부터 출발해서 독일연방의회의 주요정당으로 성장한 녹색당은 사회의 다양한 운동세력과 개인을 기초로 밑으로부터 이루어진, 아테네 이래로 가장 풀뿌리 민주주의 모델에 충실하게 건설된 대중정당이다.

이들 정당 당내구조의 특징은 '원내' 못지않게 '원외' 조직의 비중이 크다는 것이다. 의회 내 활동을 책임지는 원내총무 못지않게 당원조직을 관리하는 사무총장의 비중이 크다. 법안 통과나 정책 추진을 최종적으로 담당하는 의원 숫자 못지않게 각 지역, 또는 각 부문에서 당의 정책적 합의를 만들어내고 이를 사회 이슈화하는 일을 담당하는 원외 당조직의 역할이 크다. 국회의원 몇명만 확보하면 끌고 나와 새로운 당을 만들고, 그 당 보스의 게임전략에 따라 당의 공식적 정책이 만들어지는 우리 정당구조와는 매우 다르다.

둘째로 유권자들로 하여금 정당 선택의 기회를 주기 위해 다양한 계층정당의 설립이 용인되어야 한다. 현재와 같은 보수정당 구조에서는 정당수가 몇개건 유권자들은 선택의 여지가 없다. 포장만 다를 뿐 맛은 다 비슷비슷한 이런 '보수탕' 구조에서는 자연 지역주의가 정당 선택의 유효한 기준이 될 수밖에 없다. 아직도 노조나, 공무원, 군인, 학생 등 주요계층의 참정권이 제한되고 있는데 이런 것의 혁파를 통해 정당이 사회 내 다양한 이해집단의 이익을 대변할 수 있는 통로를 마련해주어야 한다.

셋째로 지역당의 존재를 인정하여 다양한 지역적 이해관계를 정치적으로 표현할 수 있게 해주어야 한다. 이를 위해서는 신당 창당

조건이 너무 까다로운 현행 정당법이 바뀌어야 한다.

마지막으로 지구당의 활성화와 함께 당의 청년조직을 활성화하여 차세대의 충원과 정치훈련 시스템을 합리화해야 한다.

정치세력의 세대교체에 대한 사회적 요구가 높지만 이를 해결해 줄 수 있는 제도적 통로가 마련되어 있지 못하다. 각 정당들이 지역별, 또는 학교별 청년조직을 갖고 이를 활성화할 수 있도록 해야 한다. 대학생들이나 근로청년들이 자신들의 정치적 지향에 따라 지지하는 정당의 청년조직에 가입하여 정치훈련을 할 수 있도록 해야 한다. 예를 들면 각 대학의 총학생회장 선거에는 유력한 동아리 출신들이 입후보하게 되는데 각 정당의 청년조직을 학교 안에 허용하게 되면 이들이 학내 자치단체 선거 등에 참여하면서 정치훈련을 쌓는 기회로 삼을 수 있다. 기존 정치에 환멸을 느끼는 사람들은 젊은이들까지 정치에 오염시키자는 얘기냐고 할지 모르지만 이는 새로운 정치지도자 충원의 한 방법으로 검토해볼 만하다. 어차피 현행법으로 보더라도 만20세 이상이면 투표권이 있는데 이들 '시민'을 학생이란 이유로 정치로부터 소외시켜서는 안된다.

〈1996년 3월〉

제3부
# 텔레비전도 신문도 좀 바꾸자

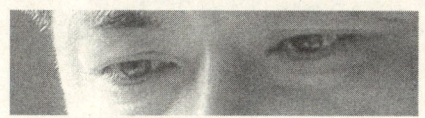

# '내 시대는 끝났다'고 말하는 영원한 소년

리영희 선생과의 대담

## '요만큼 남은' 인생

두 시간이 넘는 대담을 마치려 할 때 리영희 선생은 자신의 앞에 놓인 와인잔을 가리켰다. 1/4쯤 와인이 남아 있었다. 3/4 정도 공간은 이미 비어 있었다. 그는 후회없이 지나온 그 3/4 정도의 삶에 대해 충만함을 느끼고 있는 것 같았고, 이제 마지막 남은 1/4의 삶이 너무도 소중하다는 듯이 그 남은 와인을 아주 천천히 음미하고 있었다.

"내 지금 심정은 요 유리잔에 남아 있는 포도주를 보는 것과 같은 심정이란 말야. 어떤 사람들은 왜 활동하지 않느냐고 그러길래 난 내가 지금 해온 것이 지족(知足), 족함을 아는 심정이다. 그랬어요. 뭐 대단한 일은 아니었지만 난 지금 비어 있는(그는 이 대목에서 술잔의 비어 있는 부분을 가리킨다), 술이 비어 있지만, 이만큼은 뭔가를 했다고 생각하는 거야. 못했더라도 하려고 만전을 기해서, 내 전신 투구를 한, 때문에 요만큼 남아 있는 것은 이제 남아 있는 게 아니라, 아 그렇게 했는데도 아직 이만큼 남아 있구나 하는 심정이야. 그런데 아직도 발버둥치고 뭐 정당 만들구 뭐하구 이제 감투 쓰고 이러려고 하는 사람들은 '아직 아무것도 한 게 없는데 요것밖에 안 남았구나!' 이런 심정이지 않겠냐 싶어. 그래 지족, 족함을 알면서 너무 욕심을, 이 나이 되고 이만큼 살아오고 난 뒤에도 더, 심지어는 학문적인 것까지도 포함해서, 사실은 학문적인 것이야 뭐 끝이 없이 해야 하는 것인지 모르겠지만 나의 입장에서는 그런 것까지도 포함해서, 너무 집착하고, 하고자 하고, 욕심을 부리고 하는 것은 욕된, 노욕(老辱)이란 말 있지 않아요? 노욕이 된다 이거야. 난 그저 요만큼 남은 인생 아주 만끽하고 싶어요. 한 시간도 꽉꽉 채워가며 살아가고 싶은 거예요. 충분히 했다고 생각하고……"

"충분히 했다고 생각하고……" 하는 마지막 말이 귓가에 남는다. 사실 그처럼 자신의 인생을 끝없는 긴장 속에, 순간순간 결단해야 하는 순간 속에 자신을 던져넣으며 살아온 이들이 얼마나 되겠는가? "충분히 했다"고 자신있게 말할 수 있는 이도 물론 많지는 않을 것이다. 자신의 시대는 이제 끝났다고 생각하는 이 노교수의 옆 얼굴에서 나는 소년의 모습을 본다.

내가 카메라를 처음 갖게 된 것은 아마 서른살 무렵이었던 것 같다. 처음 렌즈를 통해 세상을 봤을 때의 경이로움이 지금도 생생하다. 바깥 사물이 고스란히 그 안에 들어와 있었던 것이다. 그런 카메라에 대한 흥미는 그러나 곧 시들해졌다. 카메라로 담을 수 없는 사각(死角)이 너무 많았고 생기를 잃고 인화지 위에 박제된 풍경이 차

츰 싫어졌기 때문이다. 리영희 교수와의 인터뷰를 준비하면서 나는
내가 다시 카메라로 사진을 찍게 되지 않을까 두려웠다. 그의 온전
한 면모를 어떻게 이 '사각'투성이의 카메라로 투영해낼 수 있을 것
인지? 그리고 여전히 왕성한 그의 '기'를 어떻게 담아낼 수 있을 것
인지?

『길』지 주선으로 리영희 선생과의 대담이 있던 날, 서울 지방은
모처럼 영상의 날씨를 보였다. 덕수궁 근처의 한 양식당에서 만난
우리는 식사 후 덕수궁을 거닐었다. 동행한 『길』의 김민경 기자가
서둘러 입장권을 사왔는데 리교수, 자신은 입장권 안 사도 되는데
샀다고 한다. 아! 그에게는 이제 '경로우대증'이 나오는 것이다. 『전
환시대의 논리』『우상과 이성』으로 비이성과 맹신의 정글 속을 포
효하며 싸우던 투사 리영희! 그가 갖고 있는 '경로우대증'! 생각해
보니 1주일 전에 선생의 예순일곱번째 생신이 지났다.

그의 삶의 이력 중 수치로 설명할 수 있는 부분이 있다. 9번 연행,
5번 구치소, 3번의 재판, 총 1012일의 감옥생활.

### 휴머니즘으로 일관해온 그의 삶

최근 그가 연구대상이 된 학술발표 모임이 있었다. 한국철학사상
연구회에서 '변혁시대의 지성'이란 주제로 연 학술발표회였는데 여
기에서 그는 박현채·백낙청·김지하 등과 함께 '연구대상'이 되었
다. 여기서 「리영희──휴머니즘으로서의 이데올로기 비판」이란 제
목으로 발표한 조선대 철학강사 박병기는 그의 생애를 일관해온 이
데올로기 비판작업이 휴머니즘에 기반한 것이라고 했다. 실제로 이

부분은 리영희 교수의 주장이기도 하다. "내가 『전환시대의 논리』 등에서 말하고자 했던 것은 휴머니즘이었지 맑스나 레닌주의는 아니었습니다."(한국일보 1991년 6월 25일자 장명수 편집부국장과의 대담) 그리고 이 휴머니즘은 '애국적 정의감'의 형태를 띤 '계몽주의적 휴머니즘'이라고 한다.

명색이 정치학자로서 나도 ○○주의, ××이즘이니 하는 말을 직업병처럼 사용하게 되지만 내심으로는 그런 추상적인 용어들로 어떻게 이 세상의 예민하고 미세한 부분들을 다 설명할 수 있을까 하는 생각도 한다. 한때 공부하는 과정에서 '과학적 사회주의'이론들이 갖는 과학성과 이론적 정교함에 매료되었고 그를 통해 세상의 모든 일과 역사를 해석할 수 있다고 '믿었던' 적도 있지만 역시 거기에는 무수한 '사각'이 있었고 또 사람들 간에 서로 다른 배율(倍率)의 렌즈로 세상을 들여다보며 자기가 본 세상이 옳다고 우기는 데에도 싫증이 났다.

어쨌든 '리영희의 활동을 관통하는 사상'을 휴머니즘이라고 정의하는 박병기의 견해에 부분적으로 나는 찬동한다. 내게 그것은 이론적 분석을 통해서라기보다 거의 동물적인 느낌으로 전해져온다. 우상과 비이성, 사회적 부조리에 대한 그의 분노와 투지는 지식인의 단순한 선지자적 사명감과는 유가 다르다.

그는 예를 들면 이런 사람이다. "최전방 전투근무 뒤에 전후방 교류로 내려간 부산, 시청앞 네거리에서 이승만의 행차와 맞부닥쳤을 때 허리에서 권총을 찾았던, 전선을 내려올 때 팔아먹어 이제는 없는 권총을 찾았던"(『역정』 240, 316면) 그런 사람이다. 이번 대담에서 확인하려다가 까먹었지만 그의 고백대로라면 그의 오른손 새끼 손가락은 구부정하다. 군생활 중 사병들의 식량인 쌀을 가로챈 직업군인을 때리다 손가락 관절이 부러졌기 때문이다. 군대생활 7년을 통해서 단 한번 남에게 육체적 모욕을 가한 경우다. 나는 이런 데서 그의 휴머니즘을 느낀다.

다시 박병기의 발표로 돌아가자. 그의 리영희 연구는 다음과 같이 끝나고 있다. "다만 그의 인간관은 크게 변해서 더이상 인간의 이성을 신뢰하지 않고 인간의 원초적 생존본능에 기대어 문제해결의 가능성을 찾고자 하는 것 같다. '생명'의 위대함이 극단적인 생명파괴 상황을 제어할 것이라고 전망하고 있는 것이다. 이런 점에서 그가 휴머니즘을 포기하지는 않았지만 그 실현방법을 다른 것에서 찾고 있음이 분명하다. 이제 '비판적 부정'이 아닌 '생명의 긍정'에서 희망을 보고 있는 것으로 보인다."

이 부분은 사실 논쟁이 필요한 부분이다. 1991년 1월을 전후한 시기, 우리 제도언론이 갑자기 리영희 교수를 주목하게 된다. 그가 1월 26일 연세대에서 열렸던 한국정치연구회 월례토론회에서 한 강연 때문이다. 당시 이 강연은 「변혁시대 한국지식인의 사상적 좌표」란 제목으로 이루어졌는데 동년 3월호 『신동아』는 이를 「사회주의의 실패, 지식인의 사명」이라는 제목으로 정리해 싣고 있다. 이 글은 다시 「사회주의의 실패를 보는 한 지식인의 고민과 갈등──사회주의는 이기적 인간성을 변화시킬 수 없는 것인가?」라는 제목으로 그의 열번째 저서 『새는 좌우의 날개로 난다』에 수록되어 있다.

그는 사실 소련 붕괴와 사회주의권 몰락이라는 엄청난 역사적 사변을 경험하면서 지식인의 무기력한 상황예측 능력에 스스로도 낙담하고 있었다. 그리고 "과거와는 달리 인간이성에 대한 신념이랄까 확신 같은 것이 약화되었다고 고백"하고 있다. 그러나 그는 이 강연을 통해 사회주의에 대한 신념의 수정, 또 이제까지 '이성'에 비해 상대적으로 무시되어온 인간의 '생존 본능'에 대한 새로운 관심을 표현하려 한 것으로 이해된다. 그러나 이것이 어떤 사람들에게는 일종의 정치적 허무주의로 받아들여진 것 같다. 그의 연세대 강연내용에 대해 한 철학자는 "우울한 시대에 유행하는 진보적 지식인의 고백은 지적 혼란을 제대로 소화하지 못하고 토해버리는 것"이라고 비유하며 "사회주의 문제를 도덕적 차원에서 논의할 수 없다"고 비판하고 있다.(중앙일보 1991년 4월 2일자)

### '인간이성'에서 '생명'으로

그렇다면 이제 이 부분에 대한 리영희 교수의 이야기를 직접 들어보는 수밖에 없다. 이 견해에 동의하든 하지 않든 그것은 각자의 자유일 것이다.

"사회주의라는 견제장치를 잃어버린 21세기의 자본주의는 앞으로 더욱 병들게 될 거예요. 사회주의는 나름대로 자본주의의 병폐를, 질환을 치료할 수 있는 마이신 역할을 해주었어. 앞으로 자본주의는 이런 마이신 역할을 할 어떤 것을 일부러라도 만들어내야 할 거예요. 그것이 사회주의의 이름이건 녹색당의 이름이건, 또는 생명의 이름이건. 역시 생명은 그 자체로서 자본주의의 물질지상주의적인 것과 상극되는 대치개념으로서의 가치를 가지는 거 아니겠냐, 이런 생각이지."

잠깐! '생명'이라니. 이건 김지하에게 익숙한 얘기가 아닌가? 과학적 글쓰기를 주장해온 리영희에게는 어딘가 어색한 화두가 아닌가?

"자본주의의 근원적 힘이란 게 그 생명, 생명의 자기보존을 위한 생물의 사욕, 소유욕, 이걸 주로 말하는 거예요. 그건 사실은 가치로서 부정할 것인지 긍정할 것인지의 문제는 아니라고 보는 거예요. 난 인간이 사회주의가 믿었던 것처럼 선하고 협력하고, 사랑하고 나누어주고 하는 것이 인간의 생명 자체로서의 근원적 속성일 수도 있다고 생각했고, 사회주의적 교육과 구조와 사회조건으로서 그것을 더욱 완벽하게 인간의 속성으로 바꿀 수 있지 않겠는가 생각했는데 그것이 안 됐다는 것은 역시 생물학적으로 인간의 생명은 소유하는 것, 욕심, 이것인 것 같아. 생명, 살아가는 것의 본질은 자기보존, 생명보존을 위해 필요한 것을 소유하려는 것. 자기생명 보호를 위한 욕심, 이걸 '생명'이란 걸로 개념화했어요. 사리사욕, 자기보존을 위한 그런 것을 나는 과거에는 전적으로 부정했는데, 그것이 인간이 인간 아닌 것으로 되기 전에는 포기할 수 없는, 인간의 본질인 것으로 파악하게 된 거죠."

필자는 기독교방송에서 저녁 시사프로그램을 진행하면서 여러차례 그를 모시려 했다. 은퇴 후 그의 생활이 궁금했고 그의 생각이 궁금했기 때문이다. 그러나 그때마다 그는 자신은 글로써 발언하는 사람이지 말로써 하는 사람이 아니라는 이유를 들어 고사했다. 지금 그의 이 새로운 '생명론'을 그의 말을 통해서만 옮기는 데는 역시 한계를 느낀다. 기회가 된다면, 그리고 그의 건강이 허락한다면 언제 이 문제에 대한 그의 주장을 그의 정교한 문장을 통해 다시 들어보고 싶다.

조선대 철학강사 박병기의 리영희 연구에 관한 이야기를 마무리하면서 추가해야 할 삽화가 하나 있다. 1996년 11월 30일 오후, 리영희 등 변혁시대 한국에서의 대표적 지성에 관한 한국철학사상연구회의 발표가 있던 방송통신대 별관 2층 세미나실 한구석에 홀연히 그가 나타난 것이다. 자신의 삶이 해부되고 논의되는 현장에 당사자로서 나타나는 쑥스러움보다는 "자신을 취재한 박병기 교수에 대한 예의로" "인간적인 도리로" 그는 쑥스러움을 무릅쓰고 그 자리에 나타났다는 것이다. 그의 약간은 수줍어하는 모습을, 아는 분들은 능히 상상해볼 수 있을 것이다.

인터뷰를 계획할 때 원래는 그가 만나는 주변사람에게 칭찬을 아끼지 않는 집 근처 수리산을 오르며 그의 삶과 생각에 대해 이야기를 나눠볼 참이었다. 그러나 날씨만 추워지면 악화되는, 벌써 몇년째 그를 괴롭히는 기관지염 때문에, 그리고 혹시라도 겨울 등반길에 넘어지면 치명적이 될 수도 있는 척추디스크 때문에 등산은 포기해야 했다. 그의 '신체적 고장'은 사실 등산뿐 아니라 글쓰기까지 포기하게 만들 정도로 심각했다. 두주불사하던 그가 C형간염과 위궤양 때문에 마시는 즐거움을 맛볼 수 없게 됐고, 그리고 글쓰기의 동반자였던 흡연도 만성 기관지염과 고혈압 때문에 포기해야 했다. 따져보면 그의 이런 질병들은 어려운 시절을 어렵게 살아온 참여파 지식인으로서의 '직업병'일 터였다. 담당의사에 따르면 이런 질병들로부터 해방되기 위해서 그는 우선 스트레스를 받지 않아야 했고 그러자면 피를 말리는 글쓰기의 고통으로부터도 벗어나야 했다. 그래서 그는 은퇴한 후 지난 2년간 집필도 전혀 안 하고 "이제 건강 회복하려는 일념으로 살고" 있는 것이다.

칭병(稱病)하며 글쓰기로부터 해방되어 살아온 지난 2년이 그에게는 너무 행복해 보인다. "여러 십년 만에 모처럼 갖게 된 개인생활"이 너무 좋고 그리고 무엇보다 "구공탄 밀어넣고 빼던" 생활로부터 해방된 것이 너무 즐겁단다. 평생에 처음으로 꼭지만 틀면 자동으로 더운 물이 나오는 집에서 생활하게 된 것이 그로서는 아직도 현실로 믿어지지 않는 것 같다.

돈암동, 제기동, 화양동을 거쳐 2년 전에 분양받아 이사온 산본의 아파트. 그 아파트 현관에는 화양동 집 대문에서 떼어온 나무 문패가 걸려 있다. 그의 집 식당에 앉아 있으면 바로 코앞에 병풍처럼 수리산이 둘러쳐져 있다. 한번 그의 집을 방문했을 때 선생은 "어때 어디 콘도에 온 것 같지?" 하며 코까지 벌름거리며 웃는데 그 웃음이 정말로 갖고 싶던 새 운동화를 얻어 신은 소년의 그것처럼 천진난만했다.

## '칭병(稱病)'과 '절필'의 사이에서

선생은 지난 2년간의 '절필'의 이유로 건강문제를 이야기해왔다. 그가 산본으로 이사온 첫해에 급성 기관지확장증으로 앰불런스에 실려갔던 일이나, 이미 여러해 전부터 만성 기관지염과 천식으로 시달려온 것을 기억하는 이들은, 그리고 그렇게 좋아하던 술을 이젠 남이 마시는 것을 쳐다보는 수준에서 만족해야 하는 것을 가까이에서 보아온 사람들은 그의 이 '핑계'를 아무 의심없이 받아들인다. 그러나 그가 지난 몇십년간 확보(?)해온 그의 독자들, '글'을 통해서 교유해온 그의 문도(門徒)들에게는 이 '건강상 이유'만으로 완벽한 설득력을 갖기는 힘들 것이다. 그래서 다시 물어보았다. 그는 '절필'의 이유로 두 가지를 더 들었다.

"사람마다 장단점이 있는 것인데 난 싸우는 시대, 격렬하게 정면으로 지식과 사상과 글로써 대결하던 시대, 군사독재시대가 어쩌면 나에게는 살맛나는 시대, 내가 나다운 그런 역할을 할 수 있는 조건을 갖춘 시대였던 것 같아요. 그후의 것은 편안해지고, 또 뭐랄까 어떤 정열적인 글이기보다는 서술적인, 요샌 그렇지 않아요? 그저 이런 시대적 상황에서는 난 그렇게 맞지 않는 것 같아요. 취급할 주제라든가 내용이라든가…… 난 싸우는 시기에 사회의 권력이 조작하고 은폐하고자 하는 문제를, 주제를 골라서 하나씩 실증적으로 논파해나가는 것이 맞았던 것 같고, 지금은 좀 뭐랄까, 하여간 나의 시대는 끝난 것 같은, 나의 지적인 활동의 프라임 타임(prime time)은 간 것 같은 느낌이죠. 나이도 그렇고 상황도 그렇고."

시대변화가 그의 절필을 독촉했다는 것인데 국내적 상황의 변화 못지않게 세계적 상황의 변화도 그의 '침묵'을 요구했다. 어쩌면 이 부분이 그에게는 더 절실했을 부분이 아닌가도 싶다.

"내가 생각하고 글쓰고 했던 시기가 이를테면 양 체제간의 어떤 이데올로기, 세계관, 철학의 대립 속에서 인류의 어떤 새로운 생존양식을 찾아내는, 모색하는 시기였는데, 구체적으로 말하면 사회주의적 시도랄까 시험, 이것이 일단 끝난 것으로서 나는 이제 자본주의적 해석밖에 남지 않은 것 같은 그런 감이 들어. 그렇다고 '역사는 끝났'고 주장하는 푸쿠야마식의 천박한 역사관에는 동조하지 않지만. 자본주의적 시대해석, 이건 뭐 내가 할 필요 없는, 다른 사람들의 본령에 속하는 것일 테고, 또 어느정도는 이상적인, 낭만적

이상주의라고 할 수도 있고, 그런 지적활동에 있어서 단순히 현실적 효용이나 이런 것과는 좀 다르게, 다른 차원에서 어떤 희망을, 이상을 찾는 것이다 보니, 나는 최소한 자본주의와 사회주의라는 두 개의 생존방식, 철학, 세계관 사이의 어떤 것을 발견할 수 있을까 하는, 그런 개인적 희망이 있었지만 이젠 그 시기가 지난 것 같고 해서 멈췄습니다."

이런 얘기 끝에 덧붙이는 다음의 이야기는 쓸쓸한 어조의 것이었다.

"이제 새롭게 뭔가를 해석하고, 역사적 대변혁을 해석하고 어떤 전망을 제시한다고 하기에는 너무 과학주의적, 물질주의적으로 돼서 나 같은 사람은 따라가기가 힘들게 됐어. 컴퓨터 시대, 경쟁의 시대, 물질적 문명의 어떤 이러한 시대…… 무조건 과학기술적으로, 물질적으로 풍부해지고 발달하고 빨라지고 이런 것에 대해서 상당한 거부감을 갖고 있어요. 이런 것이 나는 좀 편하지 않아."

두 개의 전혀 다른 용어로 한가지 현상을 설명하고 있는, 설명할 수 있는 그. 변화하는 시대에 자신의 역할은 끝났다고 선언하는 데서는 시대예측 능력의 상실로 고민하면서도 여전히 깐깐한, 상황을 변증법적으로 받아들이고 이해하려는 진보적 지식인의 모습을 잃지 않으려는 그. 그러면서도 지족의 철학을 익히고, 노욕의 위험을 경계하는 그. 그러나 어떤 식의 용어를 선택하든 그는 이제 '자신의 시대적 한계'를 주객관적으로 인정받고 싶어하는 듯이 보였다. 이젠 짐을 내려놓고 싶은 것이다.

## 저널리스트인가 아카데미션인가

리영희 교수는 저널리스트인가 아카데미션인가? 그 스스로는 60퍼센트 저널리스트, 40퍼센트 아카데미션이라고 한다. 하나의 주제를 갖고 오래 천착하는 것은 오히려 그의 성격에 맞는 일일지도 모른다. 그러나 그에게 유유자적한 학자적 생활을 허용하기에는 그가 몸담고 살았던 시대가 너무도 가팔랐다. 당장 대중에게 상황을 해설하고 계몽하는 것, 그리하여 현실을 다만 얼마간이라도 개선하는 것이 그가 관심갖고 해야 할 일이었다. 그에게는 "10년 후의 변화보다는 1/10이라도 당장 현실에서의 변화가 중요했던" 것이다.

저널리스트로서의 긴장된 삶을 살았던 그에게 노년의 여유있는 삶은 학자적 삶을 가능하게 할까? 이 문제에 대해서 그는 회의적이다. "학문을 한다는 것은 말하자면 필생의 주제를 하나 갖고 씨름한다는 것일 텐데 이제 내가 앞으로 지적 활동을 한다고 해봐야 고작 5년 정도인데, 그 안에 그런 것이 가능할까? 아무래도 어렵다고 봐야겠지?"

아는 사람들은 알겠지만 그는 자존심이 대단히 강한 사람이다. 그런 그가 이제 '자기 시대의 종언'을 공개적으로 밝히고 있다.

그러나 그는 여전히 계속 '현역'이기를 바라는 관중들의 박수도 받고 있다. 그가 이 커튼콜(curtain call)에 맞춰 몇곡의 앵콜곡을 다시 관객들에게 선사할지, 아니면 거장(巨匠)의 의미심장한 미소를 간직한 채 사라져갈지, 그래서 어느날엔가는 관객들 속에 조용히 앉아 무대 위를 주의깊게 관찰하고 있는 그의 모습을 발견하게 될지, 아직은 뭐라고 단정적으로 말하기는 힘들다.

　어떤 친구는 리영희 선생의 모습에서 외로운 호랑이의 모습을 본다고도 했다. 이리는 무리지어 다니지만 호랑이는 홀로, 그리고 자유자재로 산중을 누비고 다닐 뿐이다.


## 외로운 호랑이와 수줍은 소년


　"아무 노력없이 이루어진 것은 아무것도 없었어!" "불면불휴(不眠不休), 각고(刻苦)의 세월이었지……" 덕수궁 뜰안을 이리저리 거닐다 우리는 영국대사관과 이어진 담장 가까이 이르렀고, 그때 불쑥 이 노교수는 덕수궁 담장 뒤로 솟아 있는 한 러시아풍의 건물을 가리키며 말했다. 그 건물은 영국대사관 안의 도서관 건물이라고 했다. 5, 60년대 기자시절, 그는 왕성한 지식욕과 우리 현실에 대한 애정으로 이 건물을 무수히 드나들었던 것이다. 미국대사관의 자료실은 말할 것도 없고. 7년간의 군대생활 중에 영어와 프랑스어, 중국어를 거의 독학으로 섭렵했고 전쟁의 와중에서 미군 고문관들이 보던 맑스와 레닌의 저작들, 중국관계 서적들을 탐독했던 그. 역사의 굽이굽이에서 실존적 선택을 해야 했던 그!

　실존적 선택은 그에게뿐 아니라 우리에게도 여전히 중요하다. 같은 조건에서 어떤 이는 반역의 길을 가고 어떤 이는 투쟁의 길을 가는 것, 이것이 실존적 선택의 문제인 것이다. 같은 만주벌판에서 어떤 이는 만주군관학교로 갈 때, 어떤 이는 민족 독립투쟁의 풍찬노숙의 길을 걸었던 것이다.

　"내게 충실한 것이 내게 자연스러운 것이야."

"삶의 현장에서 물러나서는 안 돼, 그리고 신념이 주춤해서도 안 돼."

　사진 기자의 주문에 따라 덕수궁 어느 나무를 배경으로 이리저리 포즈를 잡아보던 이 늙은 호랑이의 옆얼굴로 초겨울 오후의 햇살이 비끼고 있었는데, 문득 나는 거기 서 있는 아주 수줍은 소년 하나를 보고 있었다.

〈1997년 1월〉

# 텔레비전도 신문도 좀 바꾸자

## 팔자 좋은 텔레비전 드라마

요새는 어디를 가나 IMF를 빼놓으면 말이 안 되는 것 같다. 어떤 사람은 한글이 발명된 이래 가장 많이 쓰여진 어휘가 '아이엠에프' 일 거라는 우스갯소리를 하기도 한다.

장사하는 사람들은 줄어드는 매상에 울상이고 길거리에 늘어서 있는 빈 택시 기사들의 한숨소리도 높지만, 역시 IMF시대에 가장 견디기 힘든 이들은 날로 늘어가는 실직자들일 것이다. 실업자 문제가 심각하다는 것은 굳이 신문을 펼쳐보지 않더라도 다 아는 사실이다. 그런데 우리나라 텔레비전을 보면 좀 다르다. 여전히 우리나라는 "원하는 것은 무엇이든 가질 수 있고, 바라는 것은 무엇이든 이룰 수 있는" 그런 나라인 것 같다. 그저 면피용(?)으로 일부 시사교양 프로그램에서 실업자 문제를 잠깐씩 다룰 뿐 드라마는 여전히 고급주택 안방에서 벌어지는 사랑 놀음, 아니면 며느리-시어머니

갈등의 범위를 크게 못 벗어나고 있다. 물론 IMF시대, '본격적인 고실업시대' '실업대란시대'라고 해서 대중매체가 한꺼번에 우우 몰려들어 그 이야기만 해대는 것도 꼴불견일 것이다. 그래도 어느 정도의 문제지 우리나라 텔레비전은 세상 돌아가는 것과는 아직 거리가 멀다.

직업상 이런저런 세미나나 토론회에 참석하는 경우가 많다. 그런데 요사이 좀 민망한 것은 실업 관련 대책토론회에 나가는 경우다. 많은 경우 이런 비난의 소리가 들려오기 때문이다. 별로 실업의 걱정이 없는 이른바 전문가들이 나와서 하는 실업문제 토론회가 실업자들 입장에선 정말 '별로'라는 이야기다. 그래서 어느 토론회에서는 실업 당사자들을 토론회에 참석시켜 그들의 이야기를 들어보았다. 그중 한 분이 이런 이야기를 했다. 수많은 선량한 시민들이 아무 죄 없이 하루아침에 길거리로 나앉은 현실에서 왜 이런 것을 주제로 하는 드라마는 없는가 하는 이야기였다. 좌중이 갑자기 조용해졌다. 매일 아침 전쟁을 치르듯 부산하게 출근하던 가장들이 언젠가부터 가족들 눈치를 보며 집안에서 빈둥대고 있는데 막상 텔레비전만 켜면 그곳엔 여전히 사랑 놀음이다. 이럴 때 누군가가 텔레비전을 집어던져버린다고 해서 누가 그를 욕할 수 있을 것인가?

### 신문은 어떤가?

"신혼부부가 신혼여행지 호텔방에 도착해서 제일 먼저 하는 일은 무엇일까요?" 주변에서 흔히 듣는 우스갯소리의 하나다. 정답은 "텔레비전을 켠다"이다. 이것이 정답이건 아니건 많은 사람들은 집에

들어서면 습관적으로 텔레비전부터 켠다. 텔레비전을 보는 만큼 활자로 된 것은 적게 볼 테니까 신문 같은 활자매체의 영향력이 전보다는 다소 축소되었을 수 있다.

그럼에도 여전히 우리 사회의 여론을 형성하는 데 신문은 막강한 영향력을 발휘한다. 아무리 실업문제가 심각하고 경제위기가 심각해도 신문이 막무가내로 정계개편이 어떻고 한나라당의 '당권파'가 어쩌느니 '비당권파'가 어쩌느니, 'JP행보'가 어쩌구 TJ, DJ, DJT가 어떻구 하고 계속 써대면 이 나라에서는 당장 있지도 않은 정계개편이 가장 중요한 문제가 된다. 마치 온 나라 운명이 거기에 달려 있는 것처럼 착각하게 만든다. 지자체 단체장 후보로 누구누구가 뛰고 있다느니 누가 이 당 후보로 나서기로 했다가 다시 저 당 후보로 나올 것 같다는 둥, 들어봐야 맨날 그 소리가 그 소리인 것을 마치 자기들만 알고 있는 대단한 소식인 것처럼 써대고 있다. 그러나 막상 보도의 대상이 되고 있는 정치인들이 지금과 같은 난세에 과연 어떤 대안들을 갖고 있고 또 정당들은 현재의 경제난국에 어떤 해결책을 모색하고 있는지, 국민들이 정말로 알고 싶어하고 필요로 하는 정보들은 눈을 씻고 찾아봐도 없다. 우리나라 정당들이 정책대결 없이 보스정치, 계파정치에 매몰되고 있다고 비판하는 것이 신문이지만 바로 그 신문들이 우리 정치를 조선시대 대감집 행랑채 수준의 정치로 만들어가고 있는 것은 아닌지 묻고 싶다.

앞서 말한 실업대책 토론회에 야당인 한나라당의 한 의원이 참석했다. 노동운동가 출신인 그는 그 자리에 참석한 옛 노동운동 동료들로부터 많은 비판을 들어야 했다. 그래도 그는 그 비판을 감수하면서 그 자리를 지켰다. 오히려 '실업자 정당'을 자임하는 국민회의 측에서는 아무도 참석하지 않았다. 그런데 그 야당의원 역시 언론 보도에는 불만이 많았다. 언론이 '정쟁위주의 정치' '비생산적인 정치'를 비판하지만 막상 정책적인 쟁점들이 다뤄지는 토론회에 정치인들이 참여하는 경우 거의 보도하지 않는다는 것이다. 정치인들이 갖고 있는 정책적 입장을 보도하기보다는 여전히 정치면 주요기사는 정치인 누가 누구를 만나고 누가 누구의 계보에 속하는가 하는 따위의 그렇고 그런 이야기로 채워지는 것이다. 말하자면 '알맹이 없는 정치'가 우리 정치의 실상일 수도 있지만 상당 부분은 또 언론이 그렇게 만들어간다는 이야기다. 신문용지 원료 대부분이 수입품이라고 하는데 이런 경제난국에 정말 이런 신문들이 필요한 것인지 진지하게 고민해볼 문제다.

IMF시대에 각 기업에는 구조조정의 이름으로 수많은 감원과 해고가 자행되고 있다. 언론계도 예외는 아니다. 이미 수많은 신문·방송 종사자들이 거리로 내몰렸다. 당장 언론이 실업대란으로부터 안전지대가 아님에도 불구하고 그 언론에서조차 실업문제가 그렇고 그런 정치 이야기보다 뒷전에 밀려나고 있다면 이것은 언론인 개인의 책임만은 아닐 것이다. 결국 신문이나 방송 소유주들의 의사가 언론을 지배하기 때문에 세상물정 따로 언론 따로 노는 것은 아닌지. 실업문제가 결코 자신들의 이야기가 될 수 없는 사람들이 신문·방송을 만들어가기 때문에 그런 것은 아닌지. 시청료와 신문구독료를 꼬박꼬박 내면서 언론을 '소비'하는 국민들이 이들을 정리해고할 수 있는 방법은 없을까? 이래저래 고민거리가 많아지는 IMF시대다.

〈1998년 4월〉

# 언론이 기가 막혀

1996년 7월 15일 새벽, 경기도 고양시 중앙일보 남원당지국 이달영씨와 총무 김국일씨가 조선일보 지국총무 김종환씨를 살해했다. 이 사건은 신문사들끼리의 부수확장 경쟁의 추악한 전모를 온 국민에게 알리는 계기였다.

또한 언론의 미확인 보도도 문제로 지적된다. 1996년 2월 조선일보는 김정일의 전 동거녀 성혜림씨가 모스끄바를 탈출, 서방에 망명했다는 기사를 실었고, 이어 각 신문은 관련기사를 경쟁적으로 보도했다. 그러나 결국 오보임이 드러났다.

1996년 여름은 장마에, 무더위에 '신문전쟁'까지 겹쳐 정말 덥고 지루했다. 경기도 고양시 조선일보 남원당지국 보급소 직원 살인사건으로 시작된 '종이들의 전쟁'은 지금까지 이 사회의 가장 높은 곳에 올라앉아, 여기는 어떻고 저기는 어떻고 하며 우리 사회 구석구석의 비리를 고발하고 훈계하던 신문들이 자신들에게도 구린 구석이 있다는 것을 보여주는 계기가 되었다. 신문사들 측에서야 결코 자신들의 치부를 드러내고 싶지 않았겠지만 일단 동업자들간에 서로 치고 박는 싸움이 벌어진 이상에야 살아남기 위해서라도 상대방의 비리를 더 많이 들춰내지 않으면 안 되게 되었다. 그러나 독자 입장에서야 '뭐 묻은 개가 뭐 묻은 개' 나무라는 격이어서 결국은 상대방 신문의 구린 구석이 곧 자신들의 구린 구석으로 내비치게 되는 것이다.

### '재벌언론'과 '언론재벌' 누가 더 나쁜가?

석간에서 조간으로 전환한 후, 막강한 삼성을 배경으로 고가의 경품제공 등 물량공세와 공격적인 보급소 운영으로 기존 신문시장에 파란을 몰고 온 중앙일보. 이 중앙일보가 무리한 부수확장 경쟁 끝에 끝내는 살인까지 저지르게 됐다. 이 공동의 적을 맞아 '기회를 노려'오던 기존의 유력 조간지들이 공동전선을 폈다. 안 그래도 경쟁이 치열했던 조간시장에 중앙일보가 뛰어듦으로써 위기감을 느껴오던 동아·조선·한국일보에는 연일 중앙일보의 무리한 부수확장 공세를 고발하는 기사 외에 삼성그룹 관련 비리에 관한 기사들이 연이어 터져나왔다. 삼성 자체의 집계에 따르면 지난 7월 12일 이후 20여 일에 거쳐 총 300여 건의 삼성 관련 기사가 신문지면을 장식해 가히 '보도사태'를 이루고 있는 것이다.(「국민 여러분께 올립니다」, 1996년 8월 6일자 각 신문지상에 '삼성 임직원 일동'의 명의로 게재된 광고.)

삼성 관련 비리들이 하필이면 이때 다 터져나온 것인지, 아니면 알고서도 '동업자의 의리'로 눈감아주던 것을 이때 와서 터뜨린 것인지는 모르지만 어쨌든 동아·조선·한국일보를 보는 독자들이라면 삼성과 중앙일보가 얼마나 부도덕한 존재인지를 짧은 시간 안에 아주 집중적으로 느끼게 되었다.

그런데 한 현역 언론인의 보고에 따르면 동업자의 '상도덕'을 깬 중앙일보에 대한 동업자들의 반발은 이미 작년에 그 1차전을 치른 바 있다. 중앙일보가 1995년 4월 중순부터 석간에서 조간으로 바꾸겠다고 천명하던 시점에서였다. 전쟁은 다음과 같이 시작되었다.(변상욱, 『언론 가면 벗기기』, 동이, 87면)

「재벌의 언론 파괴를 우려한다」(한국일보 3월 25일자 '사설')

「삼성전자 독일지사, 노조결성 방해 말썽」(동아·조선·한국일보 3월 25일자)

「삼성, 미국과 영화출자 협상 결렬」(동아일보 3월 25일자)

「삼성그룹, 연구용 외제차 수입 출퇴근용으로 이용」(동아일보 3월 26일자)

「삼성, 석유화학 거래선 미끼로 관련회사에 횡포」(동아·한국일보 3월 26일자)

「보광, 위락지 건설하여 환경파괴」(동아일보 3월 27일자)

「삼성차, 닛산하청공장으로 전락할 소지」(한국일보 3월 27일자)

「삼성, 한남동·장충동에 무더기 땅 매입」(한국일보 3월 28일자)

경쟁지들의 삼성에 대한 무차별 융단폭격이 시작되었던 것이다. 당시 싸움은 3월 27일 중앙일보가 편집인을 동아·한국일보에 보내 사과의 뜻을 전하고 29일에는 공식적인 사과를 함으로써 일단락되는 듯했다. 그러나 싸움은 일시 소강상태에 들어갔을 뿐 중앙일보가 4월 15일 석간에서 조간으로 전환하고 정면승부에 나서면서 새로운 국면으로 접어들었던 것이다.

　그런데 재벌의 막강한 경제력을 바탕으로 신문시장을 교란시킨, 불공정거래 혐의가 짙은 재벌언론을 공격하는 '신문재벌'들의 경우, '신문전쟁'의 원인 제공에 전혀 책임이 없다고 할 수 있을까? 우선 우리 신문들의 고질적인 문제로 '무가지(無價紙)' 문제가 있다. 발행부수공사제도(ABC제도)가 일부 신문사들의 반대로 도입되지 못하고 있는 상황에서, 인위적으로 발행부수를 늘려 광고 단가를 높이기 위해 엄청나게 찍어내는 이른바 무가지 문제! 윤전기에서 나와서 독자 손을 거치지도 않고 곧바로 트럭에 실려 포장도 뜯기지 않은 채 쓰레기장으로 직행하는 이 무가지가 매일 2~3백만부가 된다면 믿을 수 있겠는가? 신문지면을 통해서는 매일 우리 사회의 과소비와 낮은 환경의식을 비판하는 신문들이, 또 맑은 물 살리기 운동이니 무슨 스카웃이니 하며 스스로 환경운동을 선도한다는 신문사들이 이런 엄청난 자원낭비와 환경파괴를 자행하고 있다면 과연 믿어지겠나 말이다. 평소 신문을 통해 사회에 대한 비판적인 시각을 키워온 사람들의 입장에서는 매우 혼란스러울 것이다.

　"신문 끊기가 이혼하기보다 더 어렵다"는 우스갯소리가 많은 사람들의 공감을 사는 현실에서, 신문의 억지구독 강요와 강제투입 등의 전근대적 관행도 우리 신문의 고질적 병폐다. 이런 것이 개선되지 않고 있는 상황에서 '신문재벌'의 '재벌신문 죽이기'는 그 설득력에 한계를 가질 수밖에 없다.

　한편 신문도 기업이다 보니 광고주의 비위에 맞지 않는 기사는 종종 로비의 대상이 된다. 광고주 로비에 의해 기존에 나갔던 기사들이 다음 판에서는 삭제되거나 그 자리가 해당 기업의 광고로 대체되는 경우는 흔하다. 지난 총선에서 관심의 대상이 되었던 쌍용 김석원 명예회장의 '의혹의 사과상자'는 이런저런 이유로 언론의 관심에서 멀어져갔다. 당시 김 명예회장에게 불리한 기사를 막기 위해 쌍용의 신문광고를 배정하는 홍보팀이 부지런히 움직였다는 이야기는 언론가에 공공연히 떠도는 이야기다.

그런데 이렇게 말하면 금방 반론이 들어온다. 이런 '양비론'을 갖고는 '재벌언론'의 폐해를 근절할 수 없다는 것이다. 이번 '신문전쟁'이 분명 재벌언론에 의해 촉발되었는데 원인 제공자를 무시하고 신문들을 다 싸잡아서 한꺼번에 몰아붙이면 재벌언론 문제를 해결할 수 없다는 것이다. 어떤 이들은 한걸음 더 나아가서 외국에도 '언론재벌'은 있을 수 있지만 재벌이 언론까지 소유하려는 경우는 없다고 주장한다. 이들의 주장은 나름대로 일리가 있다. 외국에는 우리와 같은 '재벌'——오너(owner)에 모든 것이 집중된 문어발식의 기업집단——이 없다는 점을 정확히 인식하지 못한 점만을 제외하고는……

그렇다. 막강한 경제력을 가진 재벌이 또 하나의 권력인 언론까지 장악해서 가공할 힘을 행사하는 것은 막아야 한다. 그러기 위해서는 재벌의 내부거래 형태로 이루어지는 각종 불공정거래(특히 광고비 형태로 엄청난 돈을 다른 계열사로부터 끌어대는)를 막아야 하고 근본적으로는 재벌의 언론 소유를 금지해야 한다. 작게는 몇십억에서 많게는 몇백억까지의 적자를 감수하면서도 재벌들이 신문사를 쉽게 포기하지 못하는 것은 언론의 권력이 그 적자 이상의 무엇인가를 보전해줄 수 있다고 믿기 때문이 아닌가?

오는 정기국회에서 논의될 방송법에서도 재벌에게 위성방송 참여를 허용하려는 공보처의 안은 수정되어야 한다. 재벌이 한 사회의 부뿐 아니라 여론까지 독점한다면 이 나라는 말 그대로 '재벌공화국'이지 민주공화국이 될 수는 없을 것이다.

그러나 이런 재벌언론의 폐해를 막기 위해서 재벌의 언론 소유를 엄격히 제한해야 하는 문제와 아울러 지금과 같은 신문재벌들의 폐해도 이참에 당연히 논의되어야 한다. 재벌언론의 문제가 심각하다고 해서 언론재벌의 문제가 가려질 수는 없기 때문이다.

과거 군사정권 시절에는 정권과의 관계가 언론의 독립성을 지키는 데 최대의 관건이 되었다. 민주언론을 외치는 많은 기자들이 정권의 눈치를 보는 언론사주들에 의해 해직되었다. 또 80년 신군부가 들어서서는 아예 해직대상 언론인 명부를 각 언론사에 제시해 비판적인 기자들을 현직에서 몰아냈다. 각 언론사들은 자기 식구들을 보호하기는커녕 군부의 압력을 핑계로 군부가 제시한 명단에 없는 언론인들까지 자신들의 입맛에 맞지 않는 경우 해직자 명단에 포함시켜 쫓아냈다. 최소한의 '의리'마저도 보여주지 않은 셈이다. 그런데 정권의 눈에 보이는 압력이 사라진 지금, 이제는 언론사의 '사익(社益)'을 지키는 문제가 공정언론을 가로막는 최대의 걸림돌이 되고 있다. 더구나 요즘처럼 신문사들도 이런저런 각종 이권이 걸린 사업에 진출하고 있는 때에는 더욱 그렇다. 이런 상황에서 일부 언론사는 이제 사업 인허가권을 갖고 있는 정부의 비위를 거스르지 않으려고 '알아서 기는' 태도를 보이기도 한다. 1년에 수십, 수백억 원의 광고물량을 주는 재벌들에 대해 자유롭게 기사를 쓸 수 없는 점은 이미 앞에 언급했다.

이런 것들을 떠나서 우리 언론의 일반적 문제점을 지적한다면 여전히 절름발이식의 균형감각이다. 이는 특히 북한 관련 보도에서 두드러지게 나타난다. "배고파 넘어왔다"는 북한주민들의 기사를 다루면서 북한의 기아참상을 드라마틱하게 보도한다. 한 마을에서 굶어죽는 사람을 여럿 봤다느니, 배고파서 식량을 훔친 주민이 총살형을 당했다느니 하는 귀순자의 '증언'을 앞다투어 대대적으로 보도한다. 그러면서도 북한 주민들에 대한 쌀 지원문제에 대해서는 대단히 인색하다. 일부 언론은 북한이 4자회담 등과 관련해 아무런 태도 변화가 없는데 우리가 쌀을 줄 필요가 있느냐고 주장한다. 또 우리 쌀이 북한의 군량미로 사용되면 어떡하나 하는 걱정은 매우 열심히 한다. 우리가 쌀을 얼마나 줬다고……

균형감각 못지않게 심각한 것은 '이중성'이다. 청소년 성폭행의 심각성을 걱정하고 우리 사회 성윤리 타락을 준엄하게 꾸짖는 신문사가 자매지로 발행하는(그중에서는 때로 주력지의 적자를 메워줄 정도로 잘 팔려 효자노릇을 하기도 하는) 스포츠신문에는 낯뜨거운 사진과 기사들이 공공연히 실려 있다. 또 광고라는 이름으로 마치 '전사회의 포르노화'를 주장하는 듯한 선정적인 비디오 광고 등이 버젓이 실려 있다. 아무리 현대사회에서 언론도 상업주의 논리를 무시할 수 없다고 하지만 한 신문이 갖고 있는 두 얼굴의 모습이 너무 다르지 않은가?

## 텔레비전의 윤리

언론과 상업성 이야기가 나온 김에 텔레비전의 윤리문제도 지적하지 않을 수 없다. 당장 이번 강원 북부지역의 심각한 물난리 때 우리 텔레비전 방송국들이 보여줬던 무감각, 무신경의 문제다. 공중파 네 개 채널이 같은 시간에 같은 올림픽 경기를 중복해서 보여줄지언정 산사태로 수십명의 군인이 죽고 통신이 두절된 채 외부로부터 철저히 고립됐던 피해지역의 이야기는 먼 남의 나라 이야기가 되고 있었다. 애지중지 키워 '나라의 부름'에 내놓은 생때같은 자식들이 흙더미에 깔려 죽어가고 있을 때, 자식을 전방에 보내놓은 부모들 눈에 그 올림픽이 눈에 들어오겠는가? 평생을 일군 삶의 터전이 싯누런 황토물에 휩쓸려가고 귀중한 인명이 희생되어가는 수재현장에서, 당장 먹을 것, 마실 물, 입을 옷이 없어 동동거리는 수재동포들이 불과 몇십, 몇백 킬로미터 이웃에서 울고 있는데 그들의 존재는 외면한 채 수천, 수만 킬로미터 먼 곳에서 벌어지고 있는 잔치에만 온 국민의 정신을 팔게 한 방송사들의 균형감각과 윤리의식은 참으로 어이가 없을 지경이다.

그런데 이 점에서 우리 TV 방송사들은 '전과'가 있다. 어느 언론비평가가 「대구보다 더 큰 야구(?)」라는 제목으로 이미 이 점을 지적하고 있다.(변상욱, 앞의 책, 70~72면)

1995년 4월 28일 아침 8시가 조금 안 되어 대구 지하철공사장에서 최악의 가스 폭발사고가 났다. 100명이 넘는 사망자가 나왔는데 특히 등교길의 학생들이 가장 큰 피해자가 되어, 자식을 키우는 전국의 부모들이 자기 일처럼 가슴아파한 사건이었다. 그런데 KBS는 10시 뉴스에 이를 보도한 뒤 평일 오전 정규방송을 끝내고는 휴식에 들어갔다. MBC가 대구사건 특보를 내보낸 것은 폭발이 일어난 지 일곱시간이 지난 뒤인 오후 3시, 20분 길이의 뉴스특보를 편성해

현장중계에 나섰다. SBS는 그나마 아침 정규 뉴스시간에만 대구속
보를 간단히 내보낸 뒤 저녁뉴스 시간까지 아예 눈을 감아버렸다.

한국의 대표적 '공영방송'인 KBS가 그냥 쉬고만 있었던 것은 아니
다. 한국방송공사는 그날 오후 1시 30분부터 고교야구 경기를 '예
정대로' 중계방송했다. 야구중계 후 오후 2시 55분부터 15분간 뉴
스속보를 내보낸 것이 대구사고를 다룬 특별뉴스 속보의 전부였다.

"땅이 터지고 국민이 깔려 죽어도 야구중계라니 KBS는 도대체 뭐
하는 데냐?"

그 이후 컴퓨터통신에 올라온 분노의 소리들이었는데 불과 1년
전의 이런 질타를 우리 방송사들은 너무도 쉽게 잊고 있는 듯하다.
아니면 아예 그때부터도 이런 비판은 안중에 없었던 것인지?

"집안이 온통 물난리로 법석인데 내 속 젖는 줄 모르고 올림픽에
만 온 정신을 팔고 있는 방송사들은 도대체 어느 나라 방송사들이
냐?"

이런 비판이 도처에서 들려오는 듯하다.

〈1996년 9월〉

# 신문 읽는 법, 아직도 필요한가

### 신문에 난 걸 안 믿어?

영상매체에 밀려 차츰 빛을 잃어가고 있다고는 하지만 활자매체가 차지하는 비중은 여전히 막강하다. 그중에서도 우리 사회의 여론형성에 미치는 신문의 영향력은 아직도 요지부동이라고 할 수 있다.

이런 신문을 대하는 독자의 태도는 그러나 극단적인 경우 두 가지로 나타난다. "신문에 난 것을 안 믿어?" 하는 사람과 "신문에 난 걸 어떻게 그대로 믿니?" 하는 사람. 신문을 대하는 이런 극단적인 태도의 차이는 정권에 의한 언론 조작과 통제가 심했던 과거 군사정권 시절에 특히 심했다. 세상 돌아가는 사정을 알기 위해서 신문을 본다는 사람과 요새 세상 돌아가는 것을 신문에서는 어떤 식으로 써대고 있는지 한번 보자는 식으로 신문을 펼쳐드는 사람간의 세상 보는 눈에는 이미 엄청난 차이가 존재하는 것이다.

전두환 보안사령관이 12·12, 5·18 등을 거쳐 권력을 장악했던 80년대 초, 필자는 당시 서독에서 유학중이었는데 한국에서 벌어지고 있는 일들을 둘러싸고, 이를 어떻게 봐야 할 것인지 유학생들간에 논쟁이 분분한 것을 보았다. 많은 이들이 광주에서의 학살 등 신군부정권의 만행과 잔인성에 분노하고, 떠나온 조국의 앞날에 대해 깊은 근심을 감출 수 없었지만 다 그런 것은 아니었다. 수많은 청년·학생들이 계엄군의 잔혹한 진압에 의해 길거리에서 죽어가고 있는데도, "외부세력의 사주를 받은 폭도들이 광주에서 폭동을 일으켜 계엄임무를 수행중이던 군경이 희생되고 있다"든가 "계엄군은 많은 희생에도 불구하고 의연히 임무수행에 전력을 다하고 있다" 또는 이 지역이 "일부 소요에도 불구하고 대체로 평온을 유지하고 있다"는 한국 신문들의 보도를 그대로 믿고 싶어하던 이들도 있었다. 이들의 반응은 그야말로 "신문에 난 걸 안 믿어?"였다. 더 심한 것은 독일 TV, 신문 등을 통해 광주의 참상이 생생하게 보도되고 있었는데도, 여전히 한국 신문의 보도를 더 믿고 싶어하던 사람들이 분명히 있었다는 사실이다.

"신문에 난 걸 안 믿어?" 하는 태도에는 이 복잡한 세상을 가능하면 큰 분란없이, 자기 코앞에 놓인 삶이나 잘 챙기며 살고 싶어하는 소시민적 욕구가 깔려 있음도 부인할 수 없지만 많은 경우, 신문이란 것이 기본적으로 공정보도, 진실보도, 객관보도를 하는 언론이라는 교과서적인 인식이 바탕에 깔려 있다. 우리의 신문은 독자들의 이런 교과서적인 믿음을 여지없이 배반해왔다.

## 무등산 타잔과 이승복 어린이의 슬픈 이야기

사실과 전혀 다른 왜곡보도, 또는 아예 사건 자체를 보도하지 않는 언론의 고의적 침묵, 이런 것은 유신체제 이래 5공의 서슬 퍼렇던 시절을 거쳐 통제가 다소 완화되었던 6공까지 우리 신문을 지배해왔다. 이미 오래 된 이야기지만 우리 언론의 무책임하고 선정적이면서 경쟁적이기까지 한 왜곡보도가 진실을 어떻게 극화시켰나 하는 대표적인 사례가 소위 '무등산 타잔' 이야기다.

70년대 후반, 당시 광주 무등산 자락에서 철거반의 무자비한 강제철거에 맞서 저항했던 한 가난하고 꿈 많던 청년의 이야기인데, 이 사건이 담고 있는 진실들——예를 들면 60년대 이래의 도시중심 성장정책으로 생겨난 이농민들의 문제라든가 성장의 그늘에서 소외받고 있던 저소득층의 문제, 그리고 무엇보다도 자본과 권력의 힘을 배경으로 밀어닥치던 철거반원들의 살인적 폭력성 등——은 철저히 무시된 채 한 청년을 무등산 자락을 천방지축으로 헤집고 다니던 '타잔'으로 희화화한 것이다.(정글 속의 코끼리, 치타는 물론 제인도 없는 무등산에 타잔은 무슨 타잔이며, 판잣집·움집 들이 얼기설기 들어서 있던 당시 무등산 자락의 냉혹한 삶의 현실이 어떻게 할리우드의 그 '꿈 같은' 얘기들과 비교될 수 있을 것인가?) 이같은 언론보도의 허구성을 당시 조선대에 재학중이던 김현장(5·18 당시 '전두환의 살육작전' 등 성명서 작성으로 광주의 진상을 외부에 알려 군사정권의 추적을 받다가 부산 미문화원사건 배후조종혐의로 사형선고를 받고 복역했으며, 지금은 광주에서 식당을 운영하고 있다고 함)이 월간『대

162

화』에 조목조목 고발하여 눈길을 끌었었다.

　권력의 눈치를 볼 뿐 아니라 상업적 선정주의 경쟁에서 앞을 다투던 군사정권 시절 언론의 이런 모습은 그러나 과연 옛날이야기일 뿐일까? 위도 페리호 침몰사건 때 가라앉는 배와 운명을 함께 했던 페리호 선장이 살아 있다는 오보를 거의 모든 언론이 경쟁적으로 다룸으로써 고인을 두 번 죽게 했던 일은 아직도 우리 기억에 생생하다. 서강대 박홍 총장은 희한한 뉴스들을 제조하는 뉴스메이커로 우리 언론에 매우 중요한 존재가 되어 있는데 그의 주사파 발언 시리즈의 하나로 북한으로부터 장학금을 받았다는 교수들의 이야기가 있었다. 결국은 황당한 이야기로 끝나고 말았지만 확인되지 않은 사실에 대한 언론의 허위사실 공표로 성균관대 정현백 교수 등이 명예에 많은 손상을 입었던 것, 또한 불과 1년 전의 일이다.

　권력과 체제에 아부(?)하기 위한 의도적인 오보의 전형으로는 "공산당이 싫어요"로 유명한 이승복군 사건을 꼽을 수 있다. 1968년 겨울 울진·삼척지구에 침투했던 무장공비들에 의해 일가족 4명이 살해된 사건인데, 1968년 12월 11일자 조선일보는 사회면 머릿기사에 「"공산당이 싫어요"──어린 항거 입찢어」라는 제목으로 이승복군이 공산당이 싫다는 말을 했다는 이유로 공비들에게 무참하게 살해됐다는 기사를 내보냈다. 그러나 나중에 밝혀진 사실이지만 당시 사건현장을 목격했던 유일한 생존자인 이승복군의 형은 조선일보 기자를 만난 적도 없고, 이 보도는 순전히 기자가 작문한 것이었다는 것이 밝혀졌다. 그럼에도 불구하고 이 이야기가 초등학교 교과서에 인용된 것은 물론이고 아직도 시골의 많은 초등학교 교정에는 이승복 어린이의 동상이 세워져 있다. 이쯤되면 오보나 왜곡보도는 사실을 전달하는 차원을 넘어서서 완전히 새로운 사실을 만들어내는 지경에까지 이르고 있는 것이다.

## 의심 많은 독자들의 '신문 믿지 말기'

언론의 왜곡보도가 만일 힘있는 자들의 이해관계를 충실히 대변하기 위한 목적으로 저질러졌던 것이라면 이는 나름대로 소기의 성과를 달성했다고도 볼 수 있다. "신문에 난 걸 안 믿어?" 하며 아침저녁으로 신문을 펼쳐들던 많은 독자들의 여론을 '성공적'으로 오도할 수 있었기 때문이다. 그러나 문제는 "신문에 난 걸 어떻게 그대로 믿니?"라고 하는 의심 많은 독자들이다. 이 독자들은 골치 아프게 '신문 읽는 법'이니 '행간(行間) 읽기' 운운하면서 제도언론에 대한 불신을 공개적으로 드러낸다.

이 '신문 믿지 말기'를 당부하던 이 중의 하나가 바로 리영희 교수였다. 『전환시대의 논리』라든가 『우상과 이성』 등의 저서를 통해 젊은이들에게 '불순한 사고'를 주입한 죄로 감옥살이도 오래 했던 이 언론인 출신의 학자는 우선 신문을 '밑에서부터' 읽을 것을 가르쳤다. 독재정권 하에서 실제로 중요한 기사들은 다루지 않거나, 어쩔 수 없이 다루게 된다 하더라도(때로는 양심적 기자들의 민주언론을 위한 투쟁의 결과로) 아래 칸에 자그마하게 처리되기 때문이란다.

'신문 믿지 말기'를 가르쳤다고 하지만 신문을 또한 최대한으로 활용했던 이 역시 리영희 교수였다. 통일관계, 안보관계의 비판적인 글을 많이 썼던 리교수가 글의 내용이 문제가 되어 반공법, 국가보안법으로 잡혀 들어가면 당장 취조검사가 궁색해지게 된다. "북한군 무기체계가 어떻고, 한국군 장비와 방어전략에 어떤 문제점이 있고……" 운운하는 투의 글에 인용된 비밀 군사자료를 어떤 경로를 통해 입수했느냐 하는 것부터 검사는 당연히 따지게 될 것이다. 검사의 머릿속에는 리교수가 재야운동권과 연결된 어떤 불순세력을 통해, 아니면 중국통이라고 하니까 중국공산당 계열과 연계된 어떤 제3의 세력을 통해 이런 자료들을 구했을 거라는 '어두운' 예감이 자리잡고 있었을 것이다. 그러나 리교수의 대답은 이 예감을 슬프게 만들고 만다. '영국안보전략연구소와 스웨덴의 무슨 전략연구소에서 발표한 자료를 ○○일보가 모월 모일에 보도한 것을 인용한 것'이라는 답변이 너무 예상밖이기 때문이다.

### 신문 읽는 법, 아직도 필요한가?

'신문 읽는 법'과 '신문 믿지 말기'는 이제 옛날 일이 되어버리고만 것인가? 언론 통제와 검열이 사라진 문민시대에는 이제 옛날처럼 삐딱한 시각으로 신문·방송을 보지 않아도 좋은 것인가? 필자와 같이 매일매일 시사문제를 중심으로 하루 두 시간씩의 라디오방송을 진행하는 이에게 한번쯤은 스쳐갈 만한 의문이다.

그러나 이 글을 여기까지 읽어온 독자들은 이미 대답을 알고 있겠지만 이 의문에 대한 대답은 여전히 부정적이다. 정권에 의한 '무식한' 간섭은 많이 사라졌지만 그 대신 오랫동안 '알아서 기어온' 관행으로 언론은 이제 외부 간섭이 없어도 저절로 알아서 껄끄러운 기사는 어떻게 다루어야 하는지, 생색나는 기사는 또 어떻게 편집할 것인지 축적된 노하우에 따라 지면을 제작한다. 이제는 정권이 문제가 아니라 언론사주(언제부터인지 여기도 오너라는 말이 일반적으로 쓰이고 있다)의 이해관계를 충실히 반영하기 위해서도 신문마다 '개성있는' 편집이 이루어지고 있는 것이다. 삼성이나 현대냐, 한화 소속이냐에 따라 경제기사의 비중이 신문마다 다르고 호남 토지재벌 소유냐 월남한 광산재벌 소유냐에 따라 지면에 반영되는 현대사에 대한 인식도 제각각이다. 우리 신문의 지면을 분석해보면 일찍이 레닌이 설파한 바와 같이 "각자에게는 각자의 계급적 입장이 있다"는 말이 실감나게 들린다. 전국의 수십개 대학에서 5천명이 넘는 대학교수들이 5·18 관련 특별법 제정을 촉구하는 성명서를 내고, 천주교·개신교 목회자들이 서명운동을 벌이는가 하면 초·중·고교 교사들까지 서명에 가세하는 상황에서도 우리 언론은 의도적으로 이를 묵살하든가 아니면 축소보도를 일삼아왔다. 급기야는 전국의 대학들이 동맹휴학을 선언하고 가두시위를 벌였던 1995년 9월 29~30일 우리의 언론기관들은 어떠 했나? 9월 29일 MBC와 KBS의 저녁 9시 종합뉴스의 첫번째 뉴스는 모두 월드컵 한국유치에 관한 것이었다. 한국유치 결정이 난 것도 아니고 단지 유치신청을 했을 뿐인데 이 뉴스가 톱을 장식하고 있었던 것이다. 그 대신 5·18 관련 뉴스는 각각 7번째(MBC)와 8번째(KBS) 뉴스로 다루어졌을 뿐이다. 9월 30일, 전날의 5·18 관련 학생시위를 보도하는 조간신문들의 태도는 더욱 가관이었다. 대부분 신문이 사회면 톱으로 다루고 있었지만 기사제목은 대략 "학생시위로 한밤 도심 극도의 혼잡" 같은 것이었고, 한 신문은 어느 대학의 텅 빈 강의실 사진을 실음으로써 학생들이 무엇을 주장하며 휴학을 선언하고 가두시위에 들어갔는지를 보도하는 데 별 관심을 보이지 않았다. 그보다는 학생시위의 부정적인 면을 부각시키는 데 열심이었을 뿐이다.

언론의 더 교묘해진 조작 앞에서 이제 우리는 90년대식 신문 읽는 법을 다시 개발해야 하는 것이 아닌가 하는 생각을 해본다.

〈1995년 11월〉

# 유럽의 거울에 비춰본 한국

## 인간을 외롭게 하는 정치

"사랑이 사람을 얼마나 고독하게 하는지…"

이건 한때 잘 나가던 어떤 남자가수의 노래가사 중 한 구절이다.

러시아의 고도, 이제는 사라지고 없어진 옛 소련의, 역시 사라지고 없어진 혁명의 수도 레닌그라드(지금은 쌍뜨 뻬쩨르부르끄)를 방문하면서 어이없게도 나는 이 가사 구절이 떠올랐다. 약간 다르게.

"정치가 인간을 얼마나 외롭게 하는지…"

"서방으로 열린 창", 5백만이 넘게 산다는 러시아 제2의 도시 쌍뜨 뻬쩨르부르끄. 길바닥이 파여 선로가 마치 기차철도처럼 드러난 위를 거의 고철상태의 전차가 달리고 있고 뜨람이라고 불리는 트롤리 버스도 그 고철상태에선 별 다르지가 않다. 시내에는 무수한 불법 자가용 영업택시가 돌아다니고 있는데, 역시 고철상태의 것이 기묘하게 굴러다니고 있었다. 퇴락해가고 있는 많은 건물들과 더불어 도시 전체가 마치 고철더미인 것 같은 묘한 인상을 풍기고 있었다. 스딸린 사후에 완성된 지하철만이 웅장했던(?) 소련제국 시절의 영화를 증언해주고 있다고 할까? 핵전쟁에 대비하느라고 그랬는지, 지하철은 수백미터 지하에 건설되어 있었다. 에스컬레이터에서 밑이나 위를 바라보면 까마득할 정도였다.

제정러시아 뾰뜨르 대제 시절에 러시아제국의 웅장함을 과시하기 위해 만들어진 이 도시, 1712년부터 혁명이 일어나던 1917년까지 로마노프 왕조의 수도였던 이 도시는 그 기본구조에 있어서는 여전히 유럽의 한 전형적인 도시였다. 그러나 낡을 대로 낡아가고 있는 건물들, 뒷골목의 음습한 건물 계단에는 대낮에도 집나온 고양이들이 떼를 지어 어슬렁거리고, 그들의 배설물 냄새가 코를 찌르는 장면은 마치 『닥터 지바고』에서 묘사한 혁명 이후 음울한 러시아 사회의 모습을 다시 보는 것 같았다. 2백년 가까이 러시아제국의 수도였고 아직도 도시 곳곳에 옛 제정러시아의 영화를 상징하는 기념비적 건축물들이 자리잡고 있는 이 도시는 그러나 이제는 마치 몰락한 귀족이 입고 있는 마지막 외투 한벌까지 내다 팔아야 할 판인 것 같은 모습을 하고 있었다. 평일 대낮인데도 지하철은 사람들로 만원이고, 사람들은 저마다 무엇이 그리 바쁜지 에스컬레이터 위에서도 반은 뛰어다니고 있었다. 대학교수의 한달 월급이 60만 루블 정도라는데 버스표 한 장이 천 루블이고 식당에서 시키는 스테이크 한 조각이 6만 루블이다. 따라나오는 버터조각 하나에도 4천 루블의 계산서가 따라붙고. 어제 확실했던 것이 오늘은 더이상 확실하지 않다. 내일은 또 어떻게 변할지 모른다.

무엇이 이 나라를 이렇게 만들었는가? 대문호 똘스또이와 도스또

예프스끼의 나라. 차이꼬프스끼와 림스끼 꼬르사꼬프의 나라, 인류 최초의 사회주의 혁명을 성공시켰고, 그리고 그것을 같은 세기에 붕괴시킨 나라. 인류 최초로 인공위성을 쏘아올렸던 나라. 한때는 미국과 함께 세계를 지배했던 나라를……

러시아의 현실은 쌍뜨 뻬쩨르부르끄로부터 불과 몇백 킬로미터 떨어진 핀란드 수도 헬싱키의 모습과 대비해보면 극명해진다. 헬싱키와 뻬쩨르부르끄 간에는 한 시간의 시차가 존재한다. 그러나 두 지역의 사람 사는 모습을 보면 그것은 한 시간의 차가 아니라 거의 한 세기의 차가 나는 것이 아닐까 하는 생각이 든다.

핀란드! 전통적으로 러시아와 스웨덴 왕국 사이에 끼여 독립을 부지하기도 힘들었던 나라. 그러나 이 나라 국민들이 누리는 풍요와 복지는 이제 러시아인들로서는 단지 꿈속에서나 그려볼 수 있는 것이 되었다. 역사상 내내 러시아의 눈치를 보아야 했던 인구 5백만의 핀란드인들이 누릴 수 있는 풍요를, 어찌해서 국경을 맞대고 있는 1억 6천만의 대국은 누릴 수 없다는 것인가? 러시아인들이 핀란드인들만큼 부지런하지 못했단 말인가? 금세기에 사회와 경제 건설을 위해 러시아인들이 쏟아부어야 했던 고통이 핀란드 국민만 못했기 때문이란 말인가? 결론은 그와 정반대이다. 히틀러와의 레닌그라드 공방전에서 60만 명이 굶어죽어가면서도 자신의 도시를 지킨 당시 시민들의 고난은 단지 그 많은 것들의 한 작은 사례일 뿐이다. 20세기 초 전형적인 유럽의 봉건적 농업국가였던 러시아를 세계 최강의 공업국 중 하나로 만들었던 그 러시아인들. 그 수많은 희생과 노력, 고통을 지불하고도 오늘날 러시아 국민들에게 남겨진 현실이란 것이 하루 앞을 정확히 내다보기 힘든 삶의 모습뿐이라면……

이쯤 되면 "정치가 인간을 얼마나 외롭게 하는지…"에 대해서 약간은 동의할 수 있게 되지 않는가?

### 토론이 있는 풍경

독일 방문중 독일연방의회에서는 연방정부의 대 중국정책을 두고 한창 열띤 토론이 진행되고 있었다. 자민당 출신의 클라우스 킨켈 외무장관이 중국의 티벳 점령과 인권 침해를 비난하는 국내외 여론과 다른 한편으로는 독일-중국간 경제협력이라는 실리 사이에서 애매한 태도를 취하여 야당의 비판의 표적이 되었던 것이다. 집권 연정 내부에서도 이 문제에 대해서는 의견이 다소 엇갈리는 편이어서 이 토론은 상당히 오랫동안 독일 여론의 주목을 받았다. 인권이 공공연히 침해되고 있는 나라와 경제협력을 강화하는 것은 부도덕하다는 독일 내 양심세력의 주장과, 중국이 독일로서는 거의 사활이 걸린 미래의 시장이라고 보는 독일 산업계의 현실론 사이에서 전통적으로 자유주의 노선을 표방해온 자민당 소속 외무장관이 취할 수 있는 정책의 선택이 쉽지 않았을 것이다. 그러나 이런 토론과정을 지켜보면서 나는 바로 이웃한 중국에서 공공연히 핵실험을 실시해도 외무부 대변인의 의례적인 논평 정도로 끝내는 우리나라의 정치현실을 생각해보았다. 무슨 중국 내 인권문제에 대해서까지 논하기에는 당장 우리 코가 석자라 하더라도 최소한 민족의 생존이 달린 주변국 핵문제에 대해서 그것이 어떤 의미를 갖고 있는지 인식하고 문제제기를 하는 국회의원이 적어도 내 기억으로는 전혀 없었다는 것이 또 나를 슬프게 했다.

우리 정치에 토론이 없다고 하는데 이는 전적으로 옳은 지적이다. 그런데 토론 부재는 흑백논리와 편 가르기에 익숙해왔던 우리의 척박한 정치문화에도 원인이 있겠지만 근본적으로 어떤 것들이 정치의 관심대상이어야 하고 논의대상이 되어야 하는지에 대한 인식이 없는 우리 정치권의 수준도 중요한 문제라고 생각한다. 정치권이건 언론이건 자고 일어나면 '대권'만 읊어대는 이런 정치풍토에서, 정치라는 것이 여전히 노론과 소론, 남인과 북인 사이의 권력놀음과 크게 다르지 않은 현실에서 사회현안들에 대해 무슨 올바른 토론이 가능하겠는가? 정치인들이 자신이 대표하는 국민 각계각층의 이익을 대변하기보다 자신들의 직접적 이해관계를 우선시하는 풍토에서 무슨 사회 전체의 발전방향을 둘러싼 진지하고도 생산적인 토론이 가능하겠는가? 이런 '고비용 저능율'의 정치구조 아래서는 명색이 민주국가라고 해서 선거권은 받았지만 실상은 여전히 '장기판의 졸' 신세를 못 면하는 국민들만 불쌍한 것이 아닌가 하는 생각을 해본다.

한번만이라도 여·야 대표가 텔레비전이나 라디오에 나와서 당면한 민생문제라든가 민족현안인 통일문제, 많은 이들의 관심거리인 교육문제 등에 대해 남이 써준 원고 없이 생방송 토론을 하는 모습을 봤으면 원이 없을 것 같다. 그게 힘들다면 적어도 철학적 고뇌의 흔적을 갖는 정치인, 언제 어디서 어떤 주제로 누구와도 토론이 가능한 이런 정치인을 한번쯤이라도 만나봤으면 좋겠다.

## 이딸리아의 '호남선'

　이딸리아를 아는 사람들은 이딸리아가 로마를 기점으로 남북으로 분단되어 있다고 한다. '분단'은 다소 과장된 표현이라고 하더라도 정치·경제·사회적으로 남북 이딸리아간의 골이 깊다는 것은 사실이다. 이번 여행길에 떼르미니역에서 겪은 일을 잊을 수 없다. 유럽에서 이런 일은 처음 보았다. 러시아에서도 못 봤다. 마치 우리나라의 5,60년대를 보는 것 같았다. 씨실리의 빨레르모행 기차를 타러 갔는데 사람들이 열차의 창문으로 마구 올라타는 것이었다. 자리를 잡으려고 그러는 것이다. 좌석 예약제도가 분명히 있을 텐데 무엇이 잘못되었는지 사람들은 저마다 자리를 찾아 우왕좌왕이다. 난 용케 1등석에 자리를 잡았지만 1등석이라고 예외는 아니다. 계속 자리를 찾아 오가는 사람들에게 "자리 있어요(occupazion)"라고 대답해야 한다. 먼저 탄 사람들은 가족이나 일행을 위해 자리를 확보해놓고 애타게 이들을 기다리는 모습도 우리나라와 비슷하고……
이들의 모습은 뮌헨에서 로마로 오면서 만났던 북부 이딸리아인들과는 많이 다르다. 훨씬 궁핍해 보이지만 정감이 더 가는 모습이다.
　옛날에 호남 사람들이 지역차별을 이야기할 때 빼놓지 않던 것이 '호남선'의 차별이었다. (요즘은 사정이 좀 나아졌나 모르겠다.) 이딸리아에도 분명 '빨레르모선'의 차별이 있는 것 같다. 기차도 독일에서 로마까지 타고 왔던 것에 비하면 아주 후진 것이다. 자리를 못 잡아 복도에서 밤을 새운 젊은이들의 모습도 많이 남루했는데 로마나 어디 다른 지방에서 일하다 고향을 찾아가는 모습이었다. 바로 내 옆자리에 앉았던 싸베리오라는 청년이 그랬다. 전통적으로 농업 지역이며 가난한 자신들의 고향에서는 일자리를 찾지 못하여 외지로 흘러나간 많은 씨실리인들. 그들이 고달픈 타향살이 끝에 찾아가는 고향길도 아주 안락한 것은 못 되어 보였다.

밀라노나 또리노 등 북부 공업도시의 이딸리아인들은 남부 이딸리아인들에게서보다는 오히려 스위스나 오스트리아인들에게서 더 유럽시민으로서의 동질성을 느끼는 것처럼 보인다. 90년대 들어와서 새로운 정치세력으로 등장하고 있는 북부동맹(롬바르디아 동맹) 같은 정치조직이 바로 이런 북부 이딸리아의 정서를 대변하고 있다. 뿌리깊은 남북 이딸리아간의 정치·사회·경제적 골을 현장에서 경험하면서 우리에게는 거의 상처처럼 되어버린 '지역차별'의 문제. 이 병을 이딸리아도 앓고 있구나 하는 동병상련을 느꼈다. 그리고 남부 이딸리아가 전통적으로 이딸리아 좌파정당의 강세지역이었고 또 씨실리가 마피아의 본고장이 된 데에는 이런 오랜 기간에 걸친 지역차별이 중요한 역할을 했으리라는 생각을 아울러 해보았다.

### 한국에서 '비판적'이라는 것의 의미

"당신 너무 비판적이야!"

라디오 방송의 시사프로그램을 2년 넘게 맡아오면서 종종 듣게 되는 말이다. 내게는 이 소리가 "당신 너무 삐딱해!" 하는 소리로 들린다.

"우리나라 사람들은 참 이상해요. 세상이 잘못 되어가는 것에 대해 비판하면 금방 당신 '야당'이냐고 하거나 아니면 '전라도'냐고

174

하거든요?"

이건 귀국 길에 어느 택시 기사로부터 들은 얘기이다.

세상을 바라보는 태도에는 여러가지가 있을 수 있다. 그러나 대별해보면 크게 두 가지다. '현실순응적'이거나 아니면 '비판적'이거나이다. 그렇다고 해서 이 두 가지 태도가 절대적으로 대별되는 것은 아니다. '비판적'이면서도 때에 따라 '현실순응적'이 되는 수도 있고 반대로 현실순응적이면서도 또 얼마든지 비판적일 수 있는 것이다. 이것은 인간이 이성과 본능을 함께 갖는 동물이기 때문일 것이다.

모든 동물에게는 다 자기를 보호하려는 본능이 있다. 그러나 동물이면서도 인간이 다른 동물과 구분되는 점은 바로 이성을 갖고 있다는 점일 것이다. 사물의 옳고 그름을 자신의 판단에 따라 내릴 수 있는 능력. 이것이 이성일 것이다. 이야기가 다소 원론적으로 흘렀지만 주변현실에 대해 비판적으로 바라볼 수 있는 것은 이성을 가진 인간만의 특성이다.

모든 사물은 부단히 변화하고 있다. 어제 옳다고 느껴졌던 것들이 오늘은 그른 일이 되기도 한다. 만고불변의 진리라고 강변되던 일도 시대변화에 따라 시대착오적이 되기도 한다. 조선시대 한가운데서 누군가가 '왕정타도'를 부르짖고 민주공화정의 도입을 주장했다면 그는 만고역적으로, 군신지도(君臣之道)를 저버린 패륜아로 지탄되어 목숨을 부지하기 어려웠겠지만 반대로 오늘날 누가 왕정복고를 주장한다면 그는 반쯤 미친놈 취급을 받게 될 것이다. 유신시대에 한국적 민주주의의 정당성과 합법성을 침 튀겨가며 강변하던 이들, 유신체제에 항거하는 학생 등 비판세력을 탄압하던 공안세력의 목소리는 지금 어디에 있는가? 이제는 누구보다도 그들이 시대착오적인 유신체제의 문제점을 잘 알고 있지 않을까?

더 많은 변화는 정치체제에서보다 사회생활 일반에서 일어나고 있다. 불과 30년 전까지도 존재하던 직업이 지금은 아주 생소하게 느껴지는 것들이 많다. 예를 들면 60년대, 거의 대부분의 집들이 연탄을 때던 시절, 장마나 홍수 같은 큰물이 지나가고 나면 집집마다 쌓아놓은 연탄이 물에 젖어 곤죽이 되곤 했다. 그러면 떡메처럼 생긴 것을 메고 골목마다 돌아다니며 이 곤죽이 된 연탄가루를 모아 다시 연탄을 찍어주곤 하던 직업이 있었다. 또 어떤 이들에게는 향수조차 불러일으키는 직업으로 '분뇨수거업'이 있을 것이다. 도시 변두리에서는 70년대 중반까지도 골목에서 익숙하게 들을 수 있었던 소리, "똥 퍼!" 당시 이 소리는 우리 생활의 자연스러운 한 부분이었지만 이 소리를 듣지 못하고 자란 세대에게 이런 이야기는 우화 정도에 지나지 않을 것이다.

이런 이야기를 하는 것은 현실이란 것이 얼마나 가변적인가를 설명하기 위해서이다. 현실은 또한 부단히 변화할 뿐 아니라 동시에 여러 이해의 측면을 갖고 있다. 쌀값이 오르면 농민에게는 이익이 되지만 도시 소비자에게는 달갑지 않은 일이 된다. 당장 경부고속전철의 경주통과 문제를 놓고 경주시민 내부에서도 의견이 팽팽하게 맞서고 있다. 토지나 건물 등의 부동산을 많이 갖고 있는 '지역유지'들은 도심통과를 주장하는 반면 '개발이익'과 별 관계 없는 시민들은 유적지 훼손을 우려해 이에 반대한다. 우리 경제의 침체원인을 두고도 정부나 재계는 노동자들의 과도한 임금인상 요구에 무게를 두려는 반면 노동자들은 기업의 기술개발 노력 미흡, 전근대적 경영방식 등에 경제부진의 원인이 있다고 주장한다. 현실의 이런 여러가지 측면들은 이 사회를 구성하는 사람들의 벌어먹고 사는 수단이 서로 다르기 때문에 그에 따른 입장들도 자연 달라질 수밖에 없는 현실을 반영하는 것이다.

현실이 가변적일 뿐 아니라 각 개인·집단의 입장에 따라 서로 다른 이해의 측면들로 이루어져 있다는 것을 이해하면 사물을 바라보는 시각이 더 입체적이 될 수 있다. 아울러 어느 한쪽의 주장을 액면 그대로 받아들이기는 힘들게 된다. 바로 이런 태도, 사물을 동태적이면서 입체적으로 바라보려는 태도가 곧 비판적 태도인 것이다. 그리고 이런 비판적 태도란 합리적인 이성을 갖고 있는 사람이라면 당연히 갖게 되는 것이다. 그러나 우리의 현실은 어떠한가? 아직도 정부의 공식정책에 대해 그 발표문 이면의 다양한 문제점들을 지적하면 이건 곧 비판적이고 '삐딱한' 것이 된다.

비판에 취약한 정부의 이러한 폐쇄적인 태도는 종종 '알아서 기는' 언론의 나쁜 관행에 의해 더욱 조장된다. 이철수 대위가 기자회견에서 서울은 48시간 내에, 남한 전체는 1주일 내에 점령된다고 말했으면 충실하게 그걸 보도에 반영해야지, 기름이 없어서 조종사들의 실제 비행연습시간이 1년에 40시간밖에 안 된다는데 무슨 능력으로 북한이 서울을 이틀 내에 점령할 수 있겠느냐고 논평하면 이건 벌써 삐딱한 것이 된다. 거의 모든 신문·방송이 이대위의 기자회견 내용을 그대로 톱뉴스로 보도하는 상황에서 말이다. 오랜 외국생활 끝에 귀국한 어떤 사람은 김포공항에서 시내로 들어오는 버스 안에서 처음 들은 라디오 뉴스가 '보도'라기보다는 마치 '홍보'에 가깝다는 인상을 받았다고 했는데 수긍이 가는 대목이기도 하다.

부단히 변화하는 현실 속에서 낙오하지 않고 살아남으려면 열린 시각을 갖고 주변 사물을 비판적으로 보려는 자세를 견지하지 않으면 안 된다. 이것은 개인에게나 사회에나 모두 요구되는 것이다.

20여일간의 유럽여행을 통해서 필자의 화두는 시종일관 이것이었다. 근대 이후로 세계를 지배해온 유럽문화의 강점은 어디에 있는가? 그리고 우리는 지금 어느 지점에 서 있는가? 포스트모더니즘이라는 것이 한때 유행처럼 등장했지만 역시 유럽의 강점은 합리성의 존중이고 그에 기반한 토론문화가 광범하게 발전되어 있다는 점일 것이다. 토론문화는 또한 비판정신을 키우고, 그 비판문화는 한 사회가 한 자리에 정체되어 있는 것을 허용하지 않는다. 기존의 '박제된' 해석을 거부하고 자기 나름의 이성과 합리성에 기반하여 사회 문제를 보려는 태도, 이것이 비판적인 태도인데 어찌 이것이 '야당'과 '전라도'만의 특권일 수 있으랴?

〈1996년 8월〉

제4부

# 전환기 세계에 대한 안목과 지혜

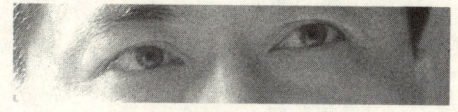

# 세계화는 지방화로부터 시작된다

## 세계화는 지방화와 함께 이루어져야 한다

　모든 사람들이 다 하나같이 세계를 향해 나아가자고 합니다. 국제화·지구촌화 시대가 오고 있다는 이야기도 새삼스러운 것은 아닙니다. 그런데 만약 "세계화는 지방화로부터 시작된다"고 누군가 얘기한다면 여러분께서는 어떻게 받아들이시겠습니까?

　세계화란 여러가지로 설명될 수 있습니다. 교통 통신의 발달로 지구 반대쪽에서 일어나는 일도 신속하게 자신의 집 안방에서 볼 수 있을 만큼 세계가 좁아졌다는 의미에서 세계화를 말할 수도 있습니다. 또 전세계를 무대로 활약하는 다국적기업들이 많아지고 있는 상황에서 옛날과 같은 국경의 의미는 많이 퇴색했다는 점에서도 세계화가 이야기됩니다. EU라고 하는 유럽연합 같이 여러 개의 독립국가들이 자율적으로 연합해서 자기네들끼리는 국경도 없애고, 관세 같은 것도 없이 그냥 한 나라처럼 지내는 것을 보고 그것이 세계화의 피할 수 없는 조류라고도 합니다. 북미자유무역연합(NAFTA)이나 아시아·태평양경제협력체(APEC) 같은 지역협력기구가 만들어지는 것도 오늘날 세계화 추세를 반영하는 것이라고 합니다. 이와같이 어떤 식으로든 이 지구상의 여러 나라들이 서로 가까워지고 서로간의 협력관계가 긴밀해지는 것이 오늘날 현실입니다. 그런데 이렇게 서로 다른 나라, 다른 문화권간의 협력은 상대방의 특수성과 다양성을 인정하는 바탕 위에서 가능한 것입니다. 나이프와 포크를 쓰는 민족이든, 젓가락을 사용하든, 아니면 손으로 식사하는 민족이든, 서로의 생김새와 언어, 종교가 다른 것처럼 상대방의 다른 점을 서로 인정하고 존중하는 바탕 위에서 비로소 진정한 협력이 가능하다는 것이죠.

　이러한 문화적·지역적 다양성을 이해하기 위해서는 훈련이 필요합니다. 그런 점에서 많은 사람들이 외국여행을 하는 것도 중요합니다만, 우리의 눈을 한번 안으로 돌려보는 것은 어떨까요? 우리는 흔히 단일민족, 단일언어를 많이 이야기합니다만, 우리나라 안에도 지역에 따라 사투리가 다르고, 음식문화가 조금씩 다른 특성을 띠고 있습니다. 자연조건도 곳에 따라 다르고, 그에 따른 산업분포도 다릅니다. 이렇게 지역에 따른 특성이 있는데 이것이 강력한 중앙집권체제 아래에서는 별로 인정을 받지 못했습니다. 모든 개발정책은 지역적 특성을 무시한 채 중앙정부의 일방적 결정에 의해 강행됐고, 그에 따라 심각한 지역간 불균등성장이 초래됐습니다. 남한에만도 영호남 지역갈등이라는 것이 공공연하게 이야기되고 있습니다. 그러나 세계화로 나아가기 위해서는 다른 지역의 특수성, 다양성을 이해하는 열린 마음이 없이는 불가능합니다. 그래서 우리나

라의 경우 세계화는 각 지역의 자율성, 다양성을 보장하는 '지방화'
와 함께 가야 한다는 거지요.

### 세계화와 현지화

세계화시대에 맞춰 살아가야 하는 현대인에게 알맞은 구호가 하
나 있습니다. "생각은 세계적으로, 행동은 지역적으로" 하라는 건데
요. 세계를 무대로 행동해야 하는 기업인들은 일단 전지구적으로
일어나는 변화의 조류를 늘 민감하게 파악하고 있어야 하며 세계시
장을 상대로 모든 사업 구상이나 전략을 짜야 하지만, 일단 활동하
는 주무대는 자신이 살고 있는 나라나 지역을 중심으로 한다는 것
이지요. 그런데 우리의 경우 이 말을 이렇게 해석을 해봐도 좋을 것
같습니다. "생각은 지구촌식으로, 행동은 현지에 맞게"라고 말이지
요.

전보다 많이 나아졌다고는 하지만 해외에 나가보면 우리 상사 주
재원이나 외교관, 유학생들이 여전히 그 사회에 완전히 적응, 이른
바 현지화됐다고 보기 힘든 때가 많습니다. 해외에 나가 있으면서
도 여전히 "한국식으로 생각하고, 한국식으로 행동하는" 경우가 많
다는 거죠. 그런데 더 심각하다고 느끼는 것은 해외에서의 그런 태
도가 마치 민족주체성을 지키고 있는 것처럼 착각하는 경우도 있다
는 겁니다. 현지에 있으면서 현지 언어도 제대로 하지 못하고, 현지
음식에는 더더욱 적응을 못해 1주일에도 몇번씩 비싼 한국식당을
찾아야 하는 자신들을 스스로 '토종'이라고 하면서, 자신들의 낮은
국제화 수준을 계면쩍어하기보다는 오히려 "체질이 변하지 않는 자

랑스러운 한국인"으로 생각한다는 거지요.

몇년씩 현지에 근무하면서도 여전히 현지 언어를 습득하지 못한 채 한국식 영어로 현지생활을 때우는 상사 주재원, 외교관, 심지어는 언론사 해외특파원을 심심찮게 봅니다. 주재국에서 일어나고 있는 일들을 현지 언론을 통해서가 아니라 영자신문이나 심한 경우에는 며칠 늦게 도착하는 한국신문을 통해서 아는 경우도 드물지 않습니다.

언어는 단지 의사를 전달하는 수단일 뿐 아니라 상대방의 생활습관, 사고방식, 문화를 이해하는 가장 주요한 수단입니다. 특히 어떤 나라를 그 현지에 가서 이해하는 데 그 나라 말을 익혀야 한다는 것은 가장 기초적인 상식일 텐데 이것이 이루어지지 않습니다. 상사 주재원이나 외교관들은 그래서 현지 유학생이나 교민의 협조로 많은 업무를 처리하게 되는데, 이들은 아무래도 전문성이 떨어지게 마련이고, 그러자면 다른 경쟁국들과 비교하여 우리의 업무효율성은 떨어질 수밖에 없습니다. 일본인들의 세일즈맨십을 얘기할 때 흔히 이런 말을 하죠. 일본인들은 에스키모에게도 냉장고를 팔아먹는 사람들이라고. 그런데 여기서 하나 빠진 게 있습니다. 그들은 에스키모 언어로 된 사용설명서를 먼저 만든다는 거죠.

### 제3세계도 중요한 세계다

우리는 아직도 외국이라고 하면 제일 먼저 미국이나 일본, 아니면 프랑스나 영국 같은 유럽 국가들을 머릿속에 떠올리게 됩니다. 요즘은 해외여행이 자유로워지고, 신혼부부들의 해외여행도 많이 보편화된 편이라 동남아 국가나 남태평양 같은 곳엘 다녀오는 사람들도 많아졌습니다만 대부분이 단체관광으로 짧은 기간 동안 다녀오기 때문에 그 나라의 문화나 풍습을 제대로 이해하고 오기는 힘들겠죠.

세계화시대를 사는 세계인이 되기 위해서는 세계 곳곳에 대해 편견 없는 균형된 시각을 가져야 합니다. 서양인에게 친절한 만큼 동남아시아인에게도 같은 정도의 관심과 친절을 베풀 수 있어야 하며 흑인을 깜둥이라고 멸시해서는 안 됩니다. 잘사는 나라 국민들에게만 배울 것이 있다고 여기거나, 우리보다 못사는 나라라고 해서 우습게 알아서는 안됩니다. 미국 중간선거가 어떻게 되었는가에 관심을 갖는 만큼 앙골라 내전이 어떻게 되어가고 있고, 쿠바의 경제가 어떤 지경인지에 대해서도 관심을 가져야 할 겁니다.

옛날보다는 텔레비전 같은 데서 지구촌 구석구석을 소개하는 교양프로그램이 비교적 많아진 편이어서 세계의 이모저모를 이해하기가 쉬워졌습니다만 제3세계 국가들과의 직접적인 문화교류는 거의 전무한 실정입니다. 시내 어느 극장엘 나가든 미국영화 몇편은 쉽게 볼 수 있고, 텔레비전에서도 프랑스 영화나 영국 영화 같은 것은 볼 기회가 많습니다만 영화예술이 발달되어 있다고 하는 인도나 가까운 나라 필리핀 또는 태국 등의 영화는 전혀 볼 기회가 없습니다. 동남아시아 지역이 미국을 제치고 우리나라의 가장 큰 수출시장으로 떠오르고 있는데, 과연 우리는 이 지역에 대해 얼마나 알고 있습니까? 우리의 상품이 수출되고, 우리의 중소기업들이 이 지역의 싼 임금을 노리고 많이 진출해 있는데도 불구하고, 우리가 동남아 지역과 이곳에 사는 사람들에 대해 이해하려고 노력하지 않는다면 한국은 장차 진정한 의미에서 국제사회의 주역이 되기는 힘들 겁니다. 어쩌면 일본인들이 몇십년 전부터 들어오던 말 '경제동물'이라는 불명예스런 이름을 대신 물려받게 될지도 모르지요.

우리나라에 노동자로 들어와 있는 동남아시아인들에 대한 가혹한 노동착취와 인권유린 같은 것이 요즘 많이 지적되고 있습니다. 돈 벌러 부푼 꿈을 안고 고향을 떠나왔다가 한국에서 산업재해나 직업병을 얻어 돈은 고사하고 불구의 몸이 되어 돌아가는 동남아시아인들의 이야기도 심심찮게 듣게 됩니다. 우리가 언제부터 이만큼 살게 되었다고, 이웃나라 국민들에 대해서 이렇게까지 할 수 있습니까?

제3세계도 이 세계의 아주 중요한 한 부분입니다. 그리고 우리도 아직 많은 부분 제3세계에 속해 있습니다. 이 제3세계를 이해하지 못하고는 세계화로 나아갈 수 없습니다.

## 5백만 해외교포는 세계화의 첨병이다

얼마 전 한 재미교포단체가 서울에서 교포정책 심포지움이라는 것을 개최하였습니다. 뉴욕 한인회 주최의 "교포사회 바로 알리기 심포지움"이었는데요. 이 심포지움의 참석자들은 오늘날 전세계적으로 5백만에 달하는 해외교포를 국제화, 개방화의 첨병으로 조국의 국력신장을 위해 활용하라는 의견을 내놓았습니다. 사실 그동안 조국이 남의 나라의 식민지가 되면서, 해방 이후에는 가난한 조국에서보다는 더 낳은 기회를 찾아서 많은 동포들이 해외로 나갔습니다.

옛 소련 지역에 흩어져 사는 동포들은 멀리는 이미 조선 후기부터 러시아로 이주했던 후손들로 오늘날 40여만 정도가 사는 것으로 알려져 있습니다. 사할린 동포들은 2차대전 때 일본에 강제징용을 당했던 사람들과 그 후손이 대부분이구요. 120만을 상회하는 중국교포들은 대부분 일제치하에서 삶의 터전을 잃고 땅을 찾아 만주로 떠났던 농민들과 독립운동을 위해 조국을 떠났던 이들의 후손으로 주로 중국의 동북삼성, 옛날의 만주지역에 모여 살고 있습니다. 연변에는 조선족 자치주도 있어 민족문화의 보존과 전승도 이루어지고 있습니다. 60만을 헤아린다는 일본동포는 잘 아시는 바와 같이 식민지 시절 일본으로 건너갔던 사람들로 이제 1세는 거의 남아 있지 않고 2, 3세의 한국인이 대부분입니다.

오늘날 우리 동포가 가장 많이 살고 있는 곳은 미국입니다. 조선조 말부터 하와이 사탕수수 농장에 작업인부로 건너가게 된 것이 미국 한인 이민사의 시작입니다만 오늘날 미국에 거주하는 대부분의 교포들은 60년대 이후 계속된 미국 이민 붐을 타고 건너간 사람들입니다. 이들은 이주 초기의 어려움을 딛고 이제는 미국의 다인종 이민사회에서 그래도 성공한 축에 속하는 민족이 되어 있다고 합니다.

독일에는 6, 70년대에 광부와 간호사로 파견되었던 한인들이 2만 명 정도의 한인사회를 이루어 어려운 외국생활을 견뎌나가고 있습니다. 최근에는 호주와 뉴질랜드 쪽으로의 이민도 급증하고 있어서, 이제 전세계 5대양 6대주에는 어느 곳이고 우리 교포가 없는 곳이 없을 정도로 되었습니다. 이들은 현지에 적응하느라 초기에 대단한 어려움들을 겪었고, 또 지금도 겪고 있겠습니다만 상당 부분은 현지사회에 적응하여 현지사회의 책임있는 일원으로 살아가고 있습니다. 이들은 한국에 살고 있는 우리가 갖지 못한 다른 시각으로 세계를 이해하고 그런 것들을 우리에게 전달해줄 수도 있습니다.

이제 세계화를 얘기하자면 서울의 김아무개씨는 뉴욕의 조아무개씨와 베를린의 최아무개씨, 그리고 모스끄바의 박아무개씨와 뻬이징의 강아무개씨들과 만나서 같은 언어로 세계가 돌아가는 이야기를 함께 나눌 수가 있게 됐습니다. 문제는 우리가 이러한 해외동포들을 우리 민족의 귀중한 자산으로 알고 이들과의 협력관계에 관심을 갖도록 해야 한다는 것이겠죠.

## '대충대충, 빨리빨리'로는 세계화의 벽을 넘을 수 없다

성수대교 붕괴의 충격은 아직도 많은 사람의 기억에 남아 있습니다. 성수대교는 우리로 하여금 6, 70년대 고속성장시대에 우리가 이룩했던 '한강의 기적'이란 게 결국은 이런 것이었나 하는 반성도 하게 하였습니다.

우리는 그동안 참으로 많은 것을 이루어냈습니다. 60년대 초까지 1인당 국민소득이 100불을 오르내리던 나라가 오늘날은 8천불 소득을 얘기하고 있습니다. 60년대까지도 미국이 원조하던 잉여농산물을 팔아서 간신히 정부재정을 메워나가던 나라가 오늘은 제3세계에 미약하지만 개발원조도 하고 있습니다. 그러나 그 와중에서 우리는 '빨리빨리'라는 귀신에 잡혀 살았던 것 같습니다.

전세계에서 가장 빠른 기간에 가장 값싼 고속도로를 놓았고, 공기

(工期)를 얼마나 단축시키는가 하는 것이 그 건설회사의 능력으로 치부되었습니다. "하면 된다" "될 때까지 하면 된다"라는 군대식의 돌격정신은 사회 각 생산부문에서, 건설부문에서 하루가 다르게 우리 사회의 모습을 바꿔놓았습니다. 외국에 몇년이라도 나갔다 온 사람이면 하나같이 그새에 몰라보게 달라진 서울이나 다른 도시의 거리 모습에 놀라고는 하였죠. 새로 난 길이, 새로 놓인 다리가, 새로 생긴 건물이 엄청나게 많았기 때문입니다.

그러나 '하면 된다'의 돌격정신으로 만들어진 아파트·다리가 바로 60년대 말의 와우아파트였고, 얼마 전의 성수대교였습니다. 우르르 무너진 와우아파트가 60년대 고속성장의 한 단면이었다면 성수대교는 70년대식 성장의 상징입니다. 국내 최초의 트러스 공법으로 지어졌다는 그 다리는 트러스 공법에 대한 기술축적도 안 되어 있는 건설회사가 그나마 다리 상판 트러스에 결함이 있는데도, 볼트와 너트가 제 규격에 맞지 않는데도 불구하고 공기를 맞추기 위해 배짱 좋게 그대로 공사를 단행했던 다리, 이것이 성수대교였습니다.

그런데 한 가지 여기서 생각할 것은, 성수대교를 건설했던 동아건설은 해외에서는 리비아 대수로 건설 등 엄청난 공사들을 별 문제없이 완공해서 해외에선 나름대로 평판이 좋다는 점입니다. 이 경우에는 집에서 새는 바가지가 밖에 나가서는 새지 않았다는 것인데요. 그러나 집에서 바가지가 샌다는 것은 이제 지구촌시대에 집안만의 비밀이 될 수는 없습니다. 당장 얼마 전 태국 정부가 발주한 대규모 공사의 공개입찰에 참가를 신청한 한국의 유수한 건설업체들이 모두 탈락했다는 보도가 있습니다. '대충대충, 빨리빨리'로는 이제 세계화의 벽을 넘을 수 없다는 것을 우리는 엄청난 비용을 들여서 배우고 있는 것입니다.

## 아이들을 내보내자

언제부터인가 어린아이들을 대상으로 하는 조기 영어교육 붐이 일고 있습니다. 한글문법도 제대로 깨우치기 전에 영어회화부터 배우고 있는 아이들의 모습도 심심치 않게 보게 됩니다만, 일단 세계화가 이야기되고 있는 시대에 국제인을 키운다는 영어교육에 누가 반대를 하겠습니까? 그런데 문제는 그런 조기 영어교육이 과연 세계인을 양성하는 데 얼마나 도움이 되느냐 하는 것입니다. 조기 영어교육이 결국은 치열한 대입경쟁을 위한 과열과외 이상이 아니라거나 또는 국내에서 대학 가기가 어려운 학생들의 조기유학을 위해서라면 역시 문제가 있다는 것이지요.

이제 스웨덴 등이 가입함으로써 모두 16개의 유럽 국가가 하나로 합치는 유럽연합은 민족국가를 뛰어넘는 하나의 거대한 실험입니다. 언어도 다르고 인종이 다른 국가들간에 하나의 연합을 이루어내는 일이 간단한 일은 아닐 텐데 유럽인들은 이를 만들고 있습니다.

그런데 이런 배경에는 청소년 때부터 끊임없이 이루어지는 상호교류와 그를 통한 다른 나라에 대한 이해가 그 바탕을 이루고 있습니다. 프랑스의 어린이가 방학이면 독일 가정에 와서 몇달씩 함께 지내며 독일어와 독일의 풍습을 배우고, 독일 어린이는 또 프랑스나 스페인 같은 곳에 가서 마찬가지의 경험을 하는 것입니다. 대학생쯤 되면 방학 때 배낭 하나 메고 이들 이웃나라를 돌아다니며 그 곳의 언어와 풍습에 대한 이해를 더욱 깊게 합니다. 평소 학교에서 배운 외국어를 이럴 때 사용하여 현지사람들과 사귀며 더욱 능숙한 외국어 실력을 닦게 되는 거죠.

우리도 세계화를 외치는 지금, 우리 아이들을 더 적극적으로 밖에 내보내는 훈련을 해야 할 겁니다. 학교나 가정 또는 정부가 아이들 보고 공부만 하라고 달달 볶을 것이 아니라 외국의 다양한 문화와 풍습을 현지에서 보고 배울 수 있도록 기회를 만들어주어야 합니다. 청소년 담당 정부부처나 사회단체가 청소년들의 해외교류의 기회를 많이 만들어주어야 합니다. 중고등학교도 아이들의 외국어 교육을 현지 교육과 병행해서 실시할 수 있도록 프로그램을 개발해야 합니다. 그래서 아직은 일부 여유있는 집 자녀들만의 특권으로 되어 있는 것 같은 청소년 해외교류를 대중화시켜야 합니다.

아이들 공부 안 시키고 어딜 내보내느냐고, 그래 가지고 대학 어떻게 가느냐고 펄쩍 뛸 부모님들도 많겠지만, 이 아이들은 21세기 지구촌시대를 살아가야 할 아이들입니다. 이들의 미래를 진정으로 생각한다면 우리 아이들을 좀더 많이 내보내야 할 겁니다.


**세계화를 위해 교육의 목표와 방법이 바뀌어야 한다**


클린턴 행정부의 노동부 장관을 지낸 바 있는 로버트 라이시 박사는 하버드대 교수 시절 『국가의 역할』이라는 책을 써서 관심을 모았습니다. 이 책에서 라이시 교수는 미국의 경제력이 옛날보다 쇠퇴하고 있는 원인의 하나로 교육의 잘못을 들었습니다. 그는 다국적

기업이 세계경제를 주도하고, 국가간에 자본과 기술이 마음대로 이동하고 있는 오늘날 현실에서 어느 나라가 어느 기업을 갖고 있는가 하는 것은 그렇게 중요하지 않다고 보았습니다. 아무리 정부가 기업을 지원해도 그 기업은 이윤이 많이 발생하는 곳이면 어느 곳이고 가리지 않고 마음대로 국경을 넘나듭니다. 국가의 지원을 받은 기업은 더 많은 이윤이 나는 해외에 투자를 하고, 이윤을 재투자하지 본국으로 송금하지는 않는다고 합니다. 이렇게 기업도, 자본도 국경을 따라 자유롭게 이동하고 있는 현실에서, 움직이지 않는, 그 나라의 것이라고 할 수 있는 것은 인적자원이라고 합니다. 그래서 그 인적자원을 갖고 다른 나라와 경쟁하기 위해서는 그 인적자원이 잘 교육받은 우수한 노동력이라야만 한다는 겁니다. 단순한 제조기술보다는 부가가치가 높고 미래산업의 핵심이 될 것이라고 예측되는 정보산업 등에 종사할 수 있는 고급인력을 양성하는 데에 정부정책의 중점이 두어져야 한다고 주장합니다. 그리고 이런 고급인력을 양성하기 위해서는 교육의 질과 내용도 바뀌어야 한다는 것이지요.

그렇다면 세계적으로 둘째가라면 서러워할 정도의 높은 교육열을 갖고 있는 우리의 교육현실은 어떻습니까? 세계에서 유례가 없을 정도로 치열한 대학입시를 치르고, 매년 수많은 대학 졸업생을 배출하는 우리나라의 인력은 과연 미래에 대비할 수 있는 양질의 노동력일까요? 대답은 그렇지가 못합니다. 현재와 같은 암기 위주의 교육으로는 높은 창의성이 요구되는 정보화시대를 주도할 수 없습니다. 또 대학입시 위주로 모든 교육시스템이 짜여지고 돌아가는 현 상태로는 다양한 욕구가 분출하는 미래사회에 대비할 수가 없습니다. 특히 자본과 기술, 정보가 자유자재로 국경을 넘나드는 미래 사회에서 세계문화에 대한 기초적 이해는 필수적인 것입니다. 그러나 현재의 암기식, 대입위주의 교육으로는 세계문화를 이해할 수가 없습니다. 학교성적은 좋지만 세계시민으로서는 거의 문맹에 가까운 인재들만 양산될 뿐인 것이지요.

미래사회에서는 자연자원보다 인적자원이 국력을 가늠하는 잣대가 될 겁니다. 가진 거라고는 인적자원밖에 없는 우리나라가 국제무대에서 큰소리치려면 우리의 교육시스템을 세계화에 맞춰 전면적으로 개편하는 수밖에 없습니다.

〈1995년〉

# 프로가 되어야 살아남는다

## 프로가 되어야 살아 남는다

산업사회가 발전할수록 제조업보다 서비스업의 비중이 커진다고 합니다. 우리는 아직도 많은 사람들이 서비스업 하면 유흥업과 레저업 같은, 먹고 마시고 노는 향락소비성 산업을 생각할지 모르지만 절대로 그렇지 않습니다. 높은 소득수준과 복지수준을 자랑하는 선진자본주의 나라들에서는 국가 자체가 최대의 서비스 산업체가 됩니다. 특히 교육과 의료 부문을 전액 국가가 부담하는 스웨덴, 노르웨이, 독일 같은 유럽국가들이 그 대표적인 예라고 하겠습니다. 교육·의료·교통·통신·금융·정보서비스 등 생산을 지원하는 서비스 부문의 발전 정도에, 앞으로 21세기의 국가경쟁력이 달려 있다고도 합니다. 우리도 이런 세계적 추세에 발맞추기 위한 대책 등을 논의하고 있습니다만 실제로 우리 사회는 국제경쟁에 얼마나 대비가 되어 있을까요?

상식적인 말이 되겠습니다만 프로와 아마추어의 차이는 무엇이겠습니까? 그것은 아마 남들은 취미 삼아 하는 일을, 어떤 사람들은 생업으로 한다는 것이겠지요. 아마추어 바둑기사와 프로기사가 다른 점은 남들이 다 취미로 두는 바둑이 프로에게는 바로 생계수단이 된다는 것입니다. 그렇다면 우리나라의 많은 병원이나 관공서 또는 여타 서비스 업체에 한번 가보십시오. 다 그런 것은 물론 아니겠습니다만 병원 같은 곳엘 가보면 그곳에서 일하는 사람들은 마치 아마추어이거나 보수 없이 강제노역에 종사하는 사람들처럼 보입니다. 그렇지 않고서야 어떻게 자기 돈을 내고 의료서비스를 받겠다는 환자들이나 환자 가족들에게 그렇게 쌀쌀맞거나 위압적으로 대할 수 있겠습니까? 일부 관공서도 마찬가지입니다. 민원인의 질문이나 요구에 대해 마치 무보수로 일하는 사람이 선심 쓰듯 대하는 그런 공무원이 아직도 많이 있습니다. 기차역이나 고속버스 매표구, 심지어는 서비스가 생명인 상점 같은 데에서도 이런 일을 많이 당하고 겪습니다.

저는 독일 유학시절 처음 한 치과의원에 갔을 때의 기억을 잊을 수 없습니다. 풍치를 치료받기 위해 여러 날 병원엘 다녀야 했는데 저는 저를 치료해주던 독일 간호사가 혹시 저를 좋아하는 것이 아닌가 하는 착각에 빠졌던 적이 있었습니다. 그 간호사가 환자인 제게 베푸는 친절이 너무나 지극했고, 한국에서는 감히 상상할 수도 없는 그런 친절이었기에 이런 우스운 착각에까지 빠지게 되었던 것이지요. 간호사뿐 아니라 유치원 보모는 보모대로, 교사는 교사대로, 또 공무원은 공무원대로 자기 직무에 충실하며 자신의 서비스를 바라는 사람들에게 친절하게 봉사하는 그들의 태도를 보면서,

그래! 이것이 바로 오늘의 독일을 있게 하는 '프로 근성'이구나 하는 생각을 했습니다.

## 양보다 질로 승부해야 한다

몇년 전부터 태국이나 스리랑카, 파키스탄 같은 개발도상국으로 공장을 옮기는 기업들이 늘어나고 있습니다. 국내에서는 높은 인건비 때문에 더이상 가격경쟁력을 유지할 수 없는, 노동집약형의 중소기업이 대부분을 차지하고 있습니다. 70년대 초에 일본에서는 이미 사양산업화한 기업들이 우리나라의 마산수출자유지역 같은 곳에 들어와 싼 임금을 바탕으로 돈을 벌어가던 일이 생각나는데, 이제 우리 기업들이 우리보다 경제발전이 낮은 나라들로 나가서 그같이 하고 있는 것입니다.

한때 제1의 수출품목으로 우리나라의 수출입국을 주도했던 신발산업이 근래에 와서는 중국, 태국, 말레이지아 같은 후발국가들과의 경쟁에서 밀리게 되어, 이 산업의 수출기지였던 부산의 경제가 몇년째 심한 침체를 보이고도 있습니다. 사람 손이 많이 가야 하는 산업분야에서는 이제 우리의 임금수준이 높아져 후발개도국과의 가격경쟁에서 더이상 이길 수 없게 되었기 때문입니다.

많은 미래학자들은 앞으로 고급 정보와 지식을 더 많이 가진 사람이나 국가가 세계를 지배하게 될 것이라고 예언하고 있습니다. 숙련된 노동자 한 사람이 생산해내는 부가가치가 이미 첨단의 컴퓨터가 만들어내는 그것에 비해 아주 보잘것없이 되어버린 오늘날 현실에서, 바나나 옥수수 같은 것을 수만 톤 팔아야 겨우 첨단 전자장

비가 부착된 최신예 전투기 한 대를 살까말까한 국제교역의 현실에서, 이제 우리도 옛날같이 사람을 조금 더 부려서, 또 사람을 조금 더 잡아놓고 무슨 일을 하겠다는 생각은 버려야 할 것입니다.

아직도 많은 기업들은 주6일 근무를 무슨 절대헌법처럼 지키고 있습니다. 토요일 휴무를 실시하는 일부 선진적 기업도 있습니다만 이들은 우리 사회에서는 아직도 천연기념물급에 해당하는 기업이라고 하겠습니다. 사무실만 오래 지키고 앉았다고 일이 되는 것은 아닙니다. 토요일의 3~4시간 근무를 위해서 회사와 이 사회가 지불하는 비용들, 그리고 무엇보다도 근무자들 자신의 생산성이라는 것을 합리적으로 고려한다면 차라리 격주 휴무에 격주 토요일 전일 근무제를 실시하든지, 아니면 아예 주5일 근무제가 더욱 효율적일지 모르겠습니다. 우리가 경제발전의 모델로 삼고 있는 나라 중 하나인 독일에서는 이미 주당 35시간 근로제가 거의 전산업에 걸쳐 정착되고 있습니다. 우리나라 기업인들이 들으면 그래 가지고 어떻게 나라가 굴러가느냐고 할지 모르겠습니다만, 독일은 우리보다 훨씬 높은 고임금에 이렇게 적게 일하면서도 여전히 세계경제를 좌우하고 있습니다. 세계는 이제 양으로서가 아니라 질로 승부를 거는 시대가 되고 있는 것입니다.

### 우리나라의 자동차 문화

흔히들 "우리나라에 자동차는 많지만 자동차 문화는 없다"는 말을 많이 합니다. 공업화와 경제성장의 덕으로 자동차 수는 엄청나게 늘어났지만, 차가 증가하는 만큼 그에 걸맞은 자동차 타기 습관은 아직 수준 이하라는 말이지요. 고속도로에서의 갓길 운행을 엄하게 금지하고 있지만 갓길 운행을 하는 얌체족들은 여전히 있습니다. 얼마 전에는 갓길 운행하는 운전자에게 항의하던 한 대학원생이 폭력으로 구속됐다 풀려나온 일도 있었지요.

운전자들의 불법, 탈법행위 외에 교통당국의 주먹구구식 행정도 우리나라 자동차 문화의 발전을 가로막는 주범입니다. 신호체계가 제멋대로 되어 있어서 수백미터 간격으로 있는 교차로마다 빨간불에 막혀 하루 종일 정체현상을 불러일으킵니다. 표시된 차선을 따라가다보면 갑자기 좌회전 차선이 나오거나 차선이 아예 끊겨버리거나 하는 일도 비일비재합니다. 도로안내 표지판을 따라 좌회전을 시도하다 교통경찰에게 걸려 낭패를 볼 때도 있습니다. 우리나라에서 그나마 가장 국제화되어 있다는 도시 서울에 관광 온 외국인이 렌트카를 이용하여 돌아다닌다면 아마 몇시간이 지나지 않아 사고를 내거나 아니면 이른바 '딱지'를 떼게 될 겁니다. 우리나라에 와서 사는 외국인들이 한결같이 지적하는 것이 바로 이 한국의 거칠고 규칙을 잘 지키지 않는 운전자들의 습관과 잘못되어 있는 도로표지 및 교통행정입니다.

우리나라가 국제적 수준의 자동차 문화를 갖추기 위해서는 위에 말한 것들 외에도 많은 문제들이 지적될 수 있습니다. 그러나 여기서는 환경과 관련된 자동차 문화에 대해서만 한 말씀 드리도록 하겠습니다. 독일의 철도건널목에 가면 이런 표지가 붙어 있는 것을 볼 수 있습니다. "자동차의 시동을 끄고 기다리시오!" 간혹 어떤 건널목에는 이런 설명까지 붙어 있습니다. "이 건널목에서는 3분 이상 기다리셔야 합니다. 3분 이상 기다리는 경우에는 시동을 끄는 것이

더 경제적입니다." 이 안내문을 따라 모든 자동차들은 시동을 끄고
기다립니다. 이것은 자동차의 연료를 절약하는 동시에 불필요한 대
기오염을 방지하는 효과가 있습니다. 이러한 것이 습관화되어 있는
독일사회에서는 길가에 시동을 걸어놓고 차를 세워둔다는 것은 있
을 수 없는 일입니다.

환경오염을 줄이려는 정부의 의지와 이를 따르는 것을 시민의 당
연한 의무로 받아들이는 시민정신. 이것이 또한 오늘날 세계화를
주도하는 선진산업국가들의 성숙한 자동차 문화를 만들어내고 있
는 것입니다.

## 되는 것은 되고, 안 되는 것은 안 되는 나라

10년 이상의 독일 체류를 통해 볼 때 가장 어려웠던 것 중의 하나
는 독일 공무원들의 거의 기계적이다 싶을 정도로 원리원칙에 철저
한 업무태도였습니다. 그러나 이것은 그들이 불친절하다거나 관료
주의적이었다는 말은 아닙니다.

흔히들 우리 사회를 약간 비꼬는 투로 얘기할 때 "되는 것도 없
고, 안 되는 것도 없는 나라"라고 합니다. 공무원들에게 뭘 부탁하면
당연히 처리해줘야 할 일인데도 이 핑계 저 핑계 대가면서 업무처
리를 지연시킨다든가, 아니면 규정상 안 되게 되어 있는 일이지만
담당공무원만 적당히 무마시키면 또 되게 되어 있는 현실을 다소
과장해서 표현한 말이라고 생각됩니다.

한국사회에서 오래 살아온 사람들이라면 각각 정도의 차이는 있
겠지만 어느정도는 이런 사회 분위기에 익숙하게 적응하며 살게 됩

니다. 담당공무원이 불친절해도 으레 그러려니 한다거나, 규정상 안 된다고 하는 일에는 "안 되면 되게 하라"는 군대시절의 구호대로 끈질기게 달라붙습니다. 지금은 거의 사라진 모습입니다만 얼마 전까지도 교통경찰에게 규칙위반으로 적발 당하면 벌금을 내려고 하기보다는 담당경찰에게 적당히 얼마 집어주고 끝내려는 사람들도 많았습니다.

"되는 것도 없고, 안 되는 것도 없는" 식에 익숙한 한국사람들에게 독일사회는 처음에 매우 불편하게 느껴집니다. 그곳은 "되는 것은 되고, 안 되는 것은 안 되는" 사회이기 때문입니다. 과연 독일공무원들은 필요한 구비서류를 제대로 갖춰 가고 제반 규정에 합치하는 것이라면 나와는 전혀 모르는 초대면의 사이인데도 아주 친절하게 일을 처리해줍니다. 그러나 규정에 맞지 않고 서류가 미비하면 규정을 설명하며 안 된다는 것을 명확히합니다. 독일에서 공무원으로부터 한번 "안 된다"는 소리를 들으면 그 규정이 바뀌기 전에는 다시 어떻게 해볼 도리가 없고, 포기하는 수밖에 없게 됩니다. "안 되는 것도 되게 하라"는 우리의 전설적인 행동수칙은 그곳에서는 발붙일 곳이 없습니다.

"되는 것은 되고, 안 되는 것은 안 된다"는 원칙은 독일뿐 아니라 우리보다 자본주의를 훨씬 오래 전부터 해온 선진국들에서는 일반적인 사회 분위기입니다.

원칙이 분명한 사회! 이것이 세계화로 가는 길목에서 우리가 해결하고 가야 할 숙제입니다.

## 민족성이냐, 사회제도냐?

우리는 우리 사회에 어떤 일들이 생겼을 때 흔히 우리보다 나은 외국 사례와 비교하면서 곧잘 "우리는 안 돼!"라든가, "우리 민족성은 어쩔 수 없어" 하는 자조적인 말들을 하거나 듣게 되는 경우가 있습니다. 그러나 과연 그렇습니까? 우리나라에서 일어나는 잘못된 일들은 다 우리 민족성이 열등하거나 못나서 그런 것일까요? 일본 식민주의자들이 우리 민족을 지배하기 위해 퍼뜨린 열등민족 어쩌구 하는 얘기들을 왜 오늘날 우리들 입으로 하게 되는 걸까요?

저는 한 사회에서 잘못된 많은 것들은 그 책임이 그 나라 국민의 기질보다는 우선은 그 사회의 법과 제도, 풍습에 따른 것이 더 많다고 생각합니다. 우리나라에서는 신호위반을 예사로 하던 운전자들도 외국에 나가면 그 나라의 법을 따라 운전하게 됩니다. 한국에서는 부부싸움을 하다 걸핏하면 아내를 때리던 어떤 사람은 로스앤젤레스에 이민 가서는 더이상 아내를 때리지 않는다고 합니다. 부부싸움 도중 이웃의 신고로 달려온 경찰에게 한번 혼나고 나서는 다시는 아내를 구타할 엄두를 못내게 되었다는 거죠. 신용거래가 정착이 안 되어 있는 우리 현실에 대한 비판들도 많지만 외국에 나가 사는 교포들은 신용거래를 하지 않고는 그곳에서 살아남을 수가 없기 때문에 각종 거래에 있어서 신용을 생명처럼 여기게 됩니다. 또 이런 일도 있습니다. 입시경쟁 위주의 한국식 학교교육에서는 별로 빛을 보지 못하던 학생이 외국에 나가서는 자신의 재주와 적성에 맞는 분야를 공부하여 그 분야에서 성공을 거두는 일이 많습니다.

이와같이 어떤 개인이나 집단이 어떤 행동을 보일 때 그것은 개인적인 특성에 따른 것이라기보다 그들이 속한 사회환경에서 더 많이 영향을 받는 것 같습니다.

똑같은 우리나라 사람들이라 해도 그가 살고 있는 지역에 따라 약간씩 행동양태가 달라집니다. 프랑스에 사는 교포는 자동차가 사고로 조금 찌그러들어도 별로 신경 안 쓰지만 독일에 사는 교포는 그렇지가 못합니다. 일본에 사는 교포는 목욕을 자주 하지만 중국교포는 그렇지 않습니다. 타슈켄트에 사는 한인 2세와 뉴욕의 한인 2세가 갖는 세계관에는 많은 차이가 있을 것이고 리우데자네이로에서 의류상을 하는 교포와 아프리카 가봉에서 봉제공장을 하는 교포 기업인의 상거래 관행은 다를 것입니다.

한편 한국에 와 있는 외국인들이 자기 나라에서와는 달리 우리나라 운전자들처럼 교통규칙을 예사로 위반하는 것도 종종 보게 됩니다. 이런 것들을 보면 우리나라를 선진화, 국제화하기 위해서는 국민들의 의식을 탓하기 전에 우선 법제도와 규칙 등이 선진화되고, 그리고는 이런 규칙들이 엄격하게 집행되도록 '법대로' 하는 사회 기풍이 확립되어야 할 것입니다.

## 쓰레기를 안 버리는 것이 국제경쟁력이다

요새 일본 엔화가 하늘 높은 줄 모르고 상승한다고 해서 세계가 떠들썩합니다. 우리나라도 그에 따른 손익계산과 대비책을 따지느라고 경제계가 분주합니다. 일본에서 기계류 등을 수입해와야 하는 업체에서는 울상이지만 반대로 국제시장에서 일본상품과 경쟁을 하는 입장에 있는 수출업체 쪽에서는 가격경쟁력이 강화되었다고 좋아하는 분위기인 것 같습니다. 그런데 여기서 잠깐 경제논리와는 다른 이야기를 좀 하려고 합니다. 한 나라의 국제경쟁력을 가늠하는 데는 여러 요인이 있을 겁니다. 환율이라든가 국제금리, 또는 교역조건 같은 것들이 우선 중요한 요인이겠지만 그것만은 아니라고 생각합니다. 우리 수출업체에서 얘기하는 것처럼 엔고 때문에 당장의 경쟁여건은 좋아지겠지만 그것만으로 장기적인 경쟁력이 자동적으로 갖추어지는 것은 아니라는 것입니다.

이런 말씀을 드리면 무슨 억지 소리냐고 하실지 모르겠습니다. 그러나 설악산이나 속리산 같은 휴양지에 쓰레기 안 버리고, 비 오는 날 이용해서 낙동강에 폐유 안 버리는 것이 중요한 국제경쟁력입니다. 설악산 같은, 아니 반드시 설악산이 아니라도 좋습니다. 많은 사람이 찾는 산이나 바다의 국립공원에 아무 생각 없이 쓰레기를 버리는 정도의 공중도덕이나 의식 수준으로는 세계시장을 상대로 한, 단순히 싸구려 가격이 아니라 품질로 승부를 거는, 뒷마무리가 깔끔한 고급상품을 만들어내놓을 수가 없습니다. 수학여행을 와서 자신들이 먹고 마시고 난 비닐봉지와 알루미늄캔을 수북이 쌓아놓고 내려가는 중고등학생들의 모습에서는 우리 교육의 국제경쟁력 수준을 정말 심각하게 걱정하게 됩니다. 봉고차 하나 가득 사람들을 태우고 와서 물가에서 실컷 떠들고 놀다가 한 무더기의 쓰레기를 버리고 가는 어른들의 모습에서는 우리나라 경제성장의 또다른 그늘을 보게 됩니다. 환경폐기물 처리를 위탁받은 전문환경업체가 비 오는 날을 틈타 수백만 명의 식수원인 낙동강에 발암성 물질을 함유한 폐유를 버렸다는 소식을 들으면 우리나라의 국제경쟁력이 연간 1인당 국민소득이 2~3백불 수준이라는 아프리카 어느 나라들보다 과연 얼마나 높다고 할 수 있을지 생각하게 됩니다.

일본을 상대로 세계의 많은 나라들이 무역전쟁을 벌이고 있지만 일본의 무역흑자는 줄어들기는커녕 점점 늘어나고 있습니다. 당장 우리나라만 하더라도 일본과의 무역적자는 더 커지고 있습니다. 엔고 영향으로 일본의 국제경쟁력에 많은 타격이 올 것이라고 사람들은 기대하고 있지만 일본은 아직까지 버티고 있습니다. 그 사람들은 분명히 작업장에서뿐 아니라 사회생활 전반에서 마무리가 깔끔한 생활을 하고 있습니다. 공원에 쓰레기를 버린다? 그들은 웃습니다.

〈1995년〉

# 정당의 현대화를 위하여

1995년 초 민자당은 '정당의 세계화'라는 캐치프레이즈를 내걸었다. 지금은 아무도 기억하지 않는 구호가 되어버렸지만 당시엔 이것도 논란거리였다.

## 당비를 내는 당원이 없다?

다양성, 경쟁성과 함께 세계화 정당은 대중성을 갖춰야 합니다. 대중성의 요체는 무엇보다도 자발적으로 당비를 내는 당원이 많아야 하고, 그 당원들이 당의 하부조직인 지구당에서 활발히 활동을 하여야 합니다. 그러나 우리나라 정당에는 당비를 내는 당원이 없을 뿐더러 지구당이란 것도 사실은 지구당 위원장의 선거사무실에 지나지 않습니다.

근대적 정당이 발전해온 유럽에서의 역사를 보면 초기의 정당들은 이른바 명사정당이라고 하는 것들이 많았습니다. 사회적 지명도가 높은 몇몇의 명사들이 모여서 정당을 만들었던 것입니다. 그러다가 산업화가 진행되면서 도시근로자나 중산층들이 정당에 참여하게 되면서 점차 대중정당화가 이루어졌습니다. 유럽의 경험에 비추어 볼 때 우리 정당들은 아직도 몇명의 이름있는 정치인들에 의해 당이 만들어지기도 하고 깨지기도 하는 명사정당의 경향이 강합니다. 특정한 이념이나 주의·주장을 통해서가 아니라 정치보스들에 의해 이렇게 저렇게 정당이 만들어지고 있기 때문입니다.

정당이 몇사람의 직업적 정치가에 의해서가 아니라 다수의 당원에 의해 움직여지는 대중정당이 되기 위해서는 우선 자발적이고 헌신적인 당원들이 있어야 합니다. 이들은 자신의 정치적 이해관계나 주장을 잘 대변해줄 수 있는 정당을 선택하여 그 정당이 각종 선거에서 승리할 수 있도록 노력할 뿐 아니라 평소 여론을 자신들이 주장하는 바에 유리하도록 만들어가야 합니다. 당비를 납부하는 것은 당원의 가장 기본적인 의무일 뿐 아니라 지구당 단위의 각종 행사에 성실하게 참여함으로써 지역주민들의 정치의사 즉 여론 형성과정에 어떤 식으로든 영향을 행사하도록 하여야 합니다.

당은 각 지구당, 또는 그런 지구당의 연합체인 지역 지부들의 권한을 광범하게 인정하면서, 이 지구당들이 당원을 끊임없이 충원해내고 훈련시키는 중심이 되도록 해야 합니다. 이런 당원들의 모임에서 각종 선거에서의 후보자가 선출되어야 합니다. 지금까지와 같이 국회의원 후보나 지방선거 후보자가 모두 중앙당에 의해 결정되는 식의 정치지도자 충원구조로는 정당이 광범한 국민적 지지 위에 뿌리박을 수 없습니다.

한편 실질적인 당원이 없는 상태에서 현재의 지구당들은 위원장 개인의 선거사무실 이상이 될 수 없습니다. 지구당 대의원 조직이라는 것도 실상은 지구당위원장의 개인적 연고에 의해 구성된 것이기 때문에 이런 형편에서의 지구당위원장 경선이라는 것도 의미가 없습니다. 지역주민에게 문호가 개방된 지구당, 그리하여 당비를 내는 당원이 주체적으로 당운영에 참여하는 정당이라야 주민의 정치의사를 조직해낼 수 있는 참된 정치조직이 될 수 있을 것입니다.

### 지방당은 왜 불가능한가?

우리나라의 현행 정당법에 따르면 어느 한 지역에만 존재하는 지역정당은 정당으로 존재할 수 없습니다. 정당이 존재하기 위해서는 수도에 중앙당이 있어야 하고, 국회의원 지역구 총수의 10분의 1 이상 지역에 지구당이 있어야 합니다. 특히 이 지구당은 특별시, 광역시, 도 중 다섯 곳 이상에 분산되어 있어야 됩니다. 간단히 말하면 어느 한 개 도나 두어 개 도 또는 시에서만 압도적 지지를 받는 정당이 있다 하더라도 그것은 현행법상 정당으로 존재할 수 없게 되어 있습니다. 한마디로 지역정당의 존재를 인정하지 않고 전국적 범위에 걸쳐 존재하는 정당만을 인정하고 있는 것입니다.

그러나 우리의 정당현실은 어떻습니까? 한국 정당구조의 특성의 하나로 지적되는 것이 바로 지역정당 구조입니다. 민주당은 중앙에서는 야당이지만 광주, 전남지역에서는 지방의회를 장악하고 있습니다. 또 민자당 대표직을 내놓고 민자당을 탈당하여 신당을 만들고자 하는 김종필씨는 충남과 대구—경북의 지역연합 구도를 모색하고 있습니다.

정당의 지역할거주의는 한국정치에서 대부분 부정적으로 나타나고 있습니다만 하나의 현실이기도 합니다. 우리나라에서는 특정지역이 특정 정치지도자들의 볼모가 되어 있다는 점에서, 그리고 그 정치가들이 자신의 권력장악을 위해 종종 지역감정을 부추긴다는 점에서 문제가 되고 있습니다만 정당정치가 발달한 서유럽의 경우에는 지역적 특성에 따른 지역당이 많이 활동하고 있습니다. 오늘날 독일정부의 연립여당을 구성하고 있는 기독교사회연맹은 바이에른 주에만 존재하는 지역정당입니다. 또 기회 있을 때마다 연정의 파트너로 이야기되는 녹색당도 처음에는 한 지방의회에의 진출을 통해 오늘날과 같은 정치세력으로 성장했습니다.

정당정치의 활성화를 위해서, 또 무엇보다 지방정치의 활성화를 위해서는 지역정당의 존재가 인정되어야 합니다. 최근 일부 인사들 사이에 내각제 정부형태에 대한 논의가 시작되고 있습니다만 형식적으로 보아서 대통령중심제보다는 더 민주적인 정부형태라고 할 수 있는 내각제가 성공할 수 있기 위해서는 먼저 정당의 다양성, 지역적 특수성 등이 인정되어야 합니다.

지금은 선거에서의 실패로 사라졌습니다만 민중당과 같이 노동자계층에 의존하는 정당은 노동자 밀집지역에서의 성공을 통해 정당으로 성장할 수 있도록 보장해주어야 합니다.

어떤 정당이든지 전국적인 범위에서 선거에 출마해야 하고 성공을 거두어야 한다는 현행 정당법 아래서는 새로운 정치세력의 출현이 아주 어렵게 되어 있습니다. 지방화시대를 맞아 지역정당의 존재가능성이 인정되어야 합니다.

## 내각제와 타협정신

요새 김종필씨의 신당 창당설과 맞물려 내각제에 대한 이야기가 많이 나오고 있습니다. 형태상으로 볼 때 내각제는 대통령중심제보다는 훨씬 민주적이고 권력분산적이라고 할 수 있습니다. 어떤 이는 대통령제는 삼권분립의 기초 위에 서 있지만 내각제——사실은 의회정부제라고 하는 것이 맞을 겁니다——는 이권분립이 아니냐고도 합니다. 그러나 대통령중심제 하에서는 대통령 일인에게 권력이 과도하게 집중되어 있음을 볼 때, 과연 엄정한 3권분립이 가능한가 하는 의문이 듭니다.

우리가 내년쯤 가입하려고 하는 선진국들만의 모임이 있습니다. 경제협력개발기구(OECD)입니다. 여기에는 미국·일본·독일 등 24개국의 선진산업국가에다 작년에 새로 가입한 멕시코와 터키 2개국을 합해 모두 26개국이 가입해 있습니다. 이중 대통령제를 택하고 있는 국가는 미국과 멕시코뿐입니다. 그외 나라들은 모두 내각제를 택하고 있으며 프랑스가 대통령제와 내각제를 혼합한 정부형태를 갖고 있습니다. 한편 우리와 더 인접한 동아시아 국가들에서도 내각제 정부형태가 주류를 이루고 있습니다. 사회주의권을 제외하고 본다면 입헌군주제를 채택하고 있는 일본, 태국, 말레이시아는 물론이고 싱가포르, 인도 등이 내각제 정부형태를 갖고 있습니다. 대통령제를 채택하고 있는 나라는 한국과 대만, 인도네시아, 필리핀 등입니다. 독재로부터 벗어난 지 얼마 안 되는 한국과 필리핀을 제외하고는 아직도 정권의 독재적 성격이 강한 나라들입니다. 한편 아프리카 54개국의 거의 대부분은 모두 대통령제를 택하고 있다는 것도 흥미로운 사실입니다. 이와같이 국제적으로 비교해본다면 선진산업국의 거의 대부분은 내각제를 채택하고 있을 뿐 아니라 제3세계권에서도 내각제를 채택하고 있는 나라들이 더 민주적인 정부를 갖고 있다는 것을 알 수 있습니다.

그러나 내각제가 성공할 수 있기 위해서는 먼저 사회적인 다양성을 존중하는 정당구조가 인정되어야 합니다. 24개 선진산업국가 중 대통령제를 채택하는 미국 이외의 모든 국가에서는, 예를 들면 오래 전부터 공산당이나 사회당이 합법적으로 인정되어왔고 동시에 극우적인 파시스트 정당까지도 이딸리아나 프랑스 등에서는 용인되고 있는 것입니다. 우리의 경우 4·19 이후 민주당 정부 때에 내각제를 실험해보았습니다만 집권여당인 민주당이 원내 압도적 다수를 차지한 상태에서, 또 보수정당만이 활동할 수 있던 상황에서, 말하자면 단색의 정당구조를 갖고 있는 상황에서 내각제는 아무 의미가 없었던 것이지요. 내각제는 바로 이질적인 사회세력간의 타협을 이끌어내고, 또 그런 타협을 통해서만 진가가 발휘되는 정부형태입니다. 우리나라 정치인들이 각자의 이해타산에 의해 내각제를 말하고 있습니다만 내각제의 진지한 검토를 위해서는 먼저 현재와 같은 보수정당 일변도의 정당구조가 변화되어야 할 것입니다.

### 양당제와 다당제

우리나라 정당구조는 3당 합당으로 민자당이 출범하기 전까지 잠시 여소야대의 4당체제가 있었던 때를 제외한다면 대부분 양당제를 유지해왔습니다. 자유당과 민주당의 대결구도였던 제1공화국, 공화당과 신민당의 제3공화국, 그리고 현재의 민자-민주 양당구도가 그렇지요. 1중대, 2중대 하는 식으로 인위적인 정당구조가 만들어졌던 5공화국 시절을 제외하면 그렇습니다.

그런데 우리나라 양당구조의 특징은 보수정당간의 경쟁구도라는 데 있습니다. 선진산업국가 중 이와 유사한 정당구조를 갖고 있는 나라는 미국뿐입니다. 그외에 내각제를 채택하고 있는 모든 서방선진국에서는 보수, 진보, 중도파 정당들이 다양하게 존재하면서 정권 경쟁을 벌이고 있습니다.

내각제를 실시하는 나라들에서의 정당구조는 크게 양당제형과 다당제형으로 나뉩니다. 영국과 오스트리아가 유럽에서는 드물게 양당제형이고 그외 거의 대부분 나라는 다당제 구조가 정착되어 있습니다. 영국은 잘 아시는 바와 같이 정권이 노동당과 보수당 사이에서 오고 갔습니다. 오스트리아 경우는 보수정당인 오스트리아국민당과 진보정당인 오스트리아사회당이 다른 군소정당들을 배제한 채 정권을 나누어왔습니다. 영국과 오스트리아는 다른 유럽국가들과 달리 한 정당이 의회 안에서 절대다수 의석을 차지하면서 다른 정당과 연정할 필요가 없었기 때문에 집권당은 자기 당의 정책을 수행하는 데 있어서 비교적 소신있게 밀고 나갈 수 있었습니다.

양당제가 정착된 이런 나라들에서의 특징은 정권교체에 따른 정책의 변화가 매우 뚜렷하게 나타난다는 점입니다. 80년대 초에 노동당으로부터 정권을 인수받은 보수당은 국영기업의 민영화와 각종 사회보장정책의 축소를 통해 영국 경제가 빠져 있던 침체, 이른바 '영국병'을 고치려고 했습니다. 이는 중산층 이상으로부터는 지

지를 받았지만 당장 그동안 누려오던 사회보장 혜택에서 밀려나게
된 근로자 계층으로부터는 심한 반발을 불러일으켰습니다. 만약 이
런 경우 보수당이 정강정책이 다른 어떤 정당과의 연정을 통해 정
권을 장악하고 있는 경우라면 이런 강경한 정책을 국민 일부의 반
발을 무시하고라도 강력히 추진하기는 어려웠을 것입니다.

이와같이 내각제를 채택하고 있으면서 보수·진보 정당간에 양당
제가 정착되어 있는 나라들에서의 특징은 정권교체에 따른 정책변
화가 뚜렷하면서도 정권이 안정되어 있다는 점일 것입니다. 그렇다
면 다당제를 채택하고 있는 다른 나라들, 예를 들면 독일이나 이딸
리아의 경우는 어떨까요? 그 문제에 대해서는 다음에 말씀드리도록
하겠습니다.

### 독일식 다당제와 이딸리아식 다당제

서유럽에서 정치적으로 가장 안정되어 있는 나라 중 하나가 독일
이라면 가장 불안정한 나라의 대표격으로는 이딸리아를 꼽을 수 있
을 것입니다. 기민·기사·자민 3당의 연정으로 이루어진 헬무트 콜
총리의 독일정부는 지난 1982년 정권을 장악한 이후 13년째 존속하
고 있습니다. 콜 총리의 보수-중도 연정 이전에는 사회민주당이 자
민당과 연합하여 14년간 정권을 유지했습니다. 전후 독일 초대 총
리가 되었던 기민당 출신의 콘라트 아데나우어 역시 14년간 집권했
습니다. 독일정치가 이같이 안정된 형태를 유지할 수 있었던 것은
기본적으로 안정된 독일의 정당구조 덕분입니다.

원내교섭단체를 구성하고 있는 독일의 정당은 현재 모두 여섯 개

입니다. 보수정당인 기민당과 기사연, 중도파 정당인 자민당, 그리고 좌파 정당인 사민당과 민사당, 환경정당인 녹색당 등입니다. 이같은 다당제 하에서는 어느 정당도 혼자서는 정권장악에 필요한 원내다수, 즉 50퍼센트의 지지율을 확보할 수 없기 때문에 정권을 잡기 위해서는 다른 정당과 연합하지 않을 수 없습니다. 그런데 독일 정치에서 흥미있는 것은 자유민주당, 즉 자민당의 존재와 역할입니다. 중도파 정당인 이 자민당이 독일 정당정치의 지렛대 역할을 해온 것입니다.

독일연방정부 수립 이후 지금까지 몇차례 정권이 바뀌었습니다만 늘 여당에 편입되어 있었던 것이 이 자민당입니다. 이 당은 6∼14퍼센트의 득표율을 갖고 30∼40퍼센트씩 득표한 기민당이나 사민당 쪽과 연정협상을 벌여, 자신들이 선택한 파트너와 정권을 수립했던 것입니다. 독일사회가 지나치게 우경화된다 싶을 때는 좌파인 사민당과 손을 잡고, 반면 사회적 위기가 심각해지고 사회가 좌경화된다 싶을 때는 보수파의 손을 들어 정권을 교체시켰던 것입니다. 환경운동으로 성장해온 녹색당과 옛 동독 집권당의 후신인 민사당과 같이 새롭게 독일의 정치무대에 등장한 정당들을 제외한다면 전통적으로 독일 정당정치는 온건보수파인 기민당과 온건좌파인 사민당 사이에서 중간파 정당인 자민당이 체제의 안정자 역할을 해온 것입니다.

그러나 같은 내각제를 실시하고 있는 이딸리아의 다당제는 정치불안의 상징처럼 되고 있습니다. 원내에 진출한 정당이 10여 개에 이르는 이딸리아 정치에서, 그러나 최대세력은 기독교민주당과 공산당으로 양분되어 있습니다. 지금은 '좌파민주당'으로 바뀌었습니다만 이딸리아공산당은 기독교민주당에 이은 제2당이었고 선거에서의 득표율이 때로는 30퍼센트를 넘기도 하였습니다. 그러나 전후 반공체제에서 제2정당인 공산당을 정권으로부터 배제시키기 위해 기민당은 온갖 군소정당을 끌어모아 연정을 구성했습니다. 공산당을 배제하기 위해 때로는 파시스트 정당까지도 연정 파트너가 되었는데 서로 이질적인 연정 파트너간의 잦은 내분으로 전후 이딸리아는 1947년 첫 내각이 들어선 이래 지금까지 모두 쉰두 차례나 내각이 바뀔 정도로 정치가 불안했던 것이지요. 독일식 다당제를 이념적으로 온건한 다당제라고 하고, 이딸리아식을 프랑스와 함께 급진적인 다당제라고 하는데요, 미래의 우리 정당구조와 관련하여 각각 시사하는 바가 크다고 할 수 있겠습니다.

〈1995년〉

# 한국인의 국제감각

## 남을 알아야 내 갈 길을 안다

얼마 전 김영삼 대통령이 일본과 중국을 방문했습니다. 이 두 나라야말로 우리와 뗄래야 뗄 수 없는 오랜 역사적 관계를 갖는 나라들입니다. 따라서 한국사람들이 일본과 중국이라는 나라에 대해서 갖는 감정은 특별한 것일 수밖에 없습니다. 그중에서도 일본에 대한 우리의 심정은 좀 복잡한 것입니다. 일본이 옛날에는 우리로부터 문화를 전수받은 후진국이었는데 나중에는 우리가 그들의 무력지배를 받았었다는 사실이 우리의 민족적 자존심을 자극하기도 합니다. 그러면서도 오늘날 국민총생산(GNP)에서 세계 2위라는 일본을 우리가 쫓아가려면 몇년이 걸릴까 하는 이야기를 하기도 합니다. 20년이 걸린다고도 하고, 50년은 걸릴 거라고 하는 사람도 있습니다. 그러면 여기서 한번 생각해봅시다. 과연 언제부터 우리와 일본과의 차이가 이토록 벌어지게 되었는가 말이지요. 세종대왕 때까지만 하더라도 먹을 게 없어 우리가 쌀과 곡식을 보내주었다는 나라가 일본 아니었습니까? 임진왜란 때도 오랜 전쟁준비 끝에 우리나라를 쳐들어왔지만 결국은 쫓겨가지 않았습니까? 그 일본과 우리의 국력 차이란 게 언제부터 이렇게 벌어지게 됐을까요? 아주 단순하게 말하자면 일본의 메이지유신, 즉 1868년 이후부터라고 할 수 있습니다. 그들은 1854년 개항 이후 서구문물을 적극적으로 받아들이면서 1868년에는 근대국가를 수립하게 됩니다.

19세기 말 동양 3국의 역사는 오늘에도 많은 교훈을 줍니다. 동양의 한 변방세력이었던 일본은 19세기를 지배하던 시대정신인 자본주의화, 산업화, 세계화의 물결을 타고 부국강병의 길을 걸어 오늘의 번영의 틀을 마련한 반면, 국제정세의 흐름에 어두웠던 한국과 중국은 변화의 계기를 놓치고 오랫동안 외세의 침략 아래 자주적인 발전의 길을 차단당한 채 신음하게 됩니다.

역사는 반복되는 것이라고 하는 이도 있고 그렇지 않다는 이도 있습니다. 그러나 한가지 분명한 것은 과거의 역사에서 배우는 것이 없다면 실수는 여전히 반복될 수 있다는 겁니다. 남을 알고 세상의 흐름을 옳게 알아야 내 갈 길을 정확히 알 수 있습니다. 자기만의 생각에 빠져 자기만의 경험을 유일하게 옳다고 믿는 것이 바로 우물 안 개구리입니다. 지금이야말로 우물 밖의 세상을 보고 우리의 나아갈 길을 모색할 때입니다.

### 세계가 하나의 단일시장으로

많은 사람들이 오늘날을 지구촌시대라고 합니다. 지구가 한 마을

이 된다는 뜻이겠지요. 통신과 교통의 발달로 우리는 오늘날 지구 반대편에서 일어나는 일도 안방에 앉아 신문이나 텔레비전을 통해 알게 됩니다. 릴레 함메르에서 열린 동계올림픽 장면들은 서울시민들뿐 아니라 양쯔강 유역의 중국인들, 또는 아마존강 유역의 사람들과 나일강 유역의 사람들이 같이 봅니다. 라인강 주변이나 미시시피강 유역의 주민들도 물론 같이 보고 있겠지요. 지구가 이와같이 하나의 생활권으로 좁혀지고 있다는 의미에서 붙여진 지구촌이라는 말은 그러나 실상은 세계가 하나의 단일시장으로 통합되고 있다는 것을 의미하는 말입니다. 옛날에는 시장에도 자본주의 시장이 따로 있고 사회주의 시장이 따로 있었습니다. 문화적으로는 기독교문화권이 있고, 유교문화권, 이슬람문화권, 불교문화권 같은 것들이 있습니다. 그러나 시장은 이제 하나가 되고 있습니다. 미국과 이란이 정치적으로는 여전히 불편한 관계이지만 이란 시장에는 미제 물품이 범람하고 미국은 이란의 석유를 쓰지 않을 수 없습니다. 한때 미국과 함께 세계를 지배하였던 옛 소련도 이제는 미국, 독일, 프랑스의 시장이 되고 있습니다.

이러한 시대, 세계가 하나의 거대한 시장으로 통합되고 있는 시대에 살아남기 위해서는 철저한 세일즈맨십이 필요합니다. 일본인들은 에스키모에게까지 냉장고를 팔아먹는 사람들이라고 합니다. 에스키모에게 냉장고를 팔아먹는 그들의 상혼은 과연 놀랍습니다. 여기서 우리가 주목해야 할 것은 일본인들은 에스키모에게는 에스키모의 언어로, 아프리카인에게는 아프리카의 언어로 세일즈를 한다는 것입니다. 철저한 현지화 전략입니다.

세계화는 현지화를 전제로 합니다. 우리가 진출하려는 국가의 문

화와 제도를 정확하게 인식하는 것, 이것이 세계화의 첫걸음이라고
도 할 수 있습니다. 그러려면 우선 우리의 해외유학이나 현지학습
의 폭이 넓어져야 합니다.

　우리나라 대부분의 해외유학생들은 여전히 미국, 일본, 독일에 집
중되어 있습니다. 백여년 전 외국 문물을 배우기 위해 해외에 내보
냈던 신사유람단식의 해외연수 대신에 세계 전대륙, 전지역으로 흩
어져 나가 그 나라의 문물과 풍습을 정확하게 익히는 많은 지역전
문가들이 필요한 시대가 되었습니다. 이들의 육성을 위해 사회가
더 많은 신경을 써야 할 때입니다.

### 한국인의 국제감각

　우리나라 사람들은 일반적으로 외국인에게 친절한 편입니다. 경
우에 따라서는 마치 간이라도 꺼내줄 듯이 지나친 친절을 베푸는
것도 주변에서 심심찮게 볼 수 있습니다. 자기 나라에서는 변변한
일자리 하나 얻지 못해 떠돌던 영국이나 미국의 젊은이들이 한국에
오면 사설 영어강습소의 강사가 되어 온갖 환대를 받으며 아무 걱
정 없이 사는 모습도 봅니다. 반일감정이 세계에서 가장 강한 나라
인 것 같으면서도 막상 그 일본인들이 사업관계로 한국엘 오면 극
진한 대접을 받습니다.

　미국인이나 유럽인을 대하는 많은 한국인들의 표정에서는 호의와
함께 묘한 열등감의 흔적 같은 것이 느껴지기도 합니다. 이름을 대
면 다 알 만한 정도의 이른바 지도층인사가 외국인과 대화를 나누
면서 자신의 영어, 또는 일본어 실력이 형편없으니까 양해해달라는

말을 얼마간은 비굴한 표정을 섞어 털어놓기도 합니다. 영어 또는 일어가 외국어인데 그걸 못한다고 해서 비굴해질 필요는 없을 텐데 말이지요.

그런데 이런 친절은 어쨌든 백인종이거나 일본같이 잘사는 나라 사람들에게만 해당되는 것 같습니다. 같은 외국인이라도 아시아인이나 아프리카 또는 그외 후진국에서 온 사람들에게까지 그리 친절한 것 같지는 않습니다. 우리나라에서 점점 그 숫자가 줄어들고 있는 화교들에 대한 우리의 태도나 최근 국내의 노동력 부족으로 많이 들어오고 있는 필리핀이나 방글라데시 또는 네팔 사람들에 대한 우리의 태도는 유럽인에 대한 그것과 대단히 다르지요.

옛날 전통사회의 유교식 국제교육은 중국을 선진국으로 모시고 그외의 주변국가는 모두 야만족, 이른바 오랑캐로 멸시하는 세계관을 가르치는 것이었습니다. 우리는 중국을 중화(中華), 우리를 소중화 즉 작은 중화라고 여기며 중국 이외의 나라들을 멸시하는 사대주의적 세계관에 익숙해 있었지요. 또 일본 식민주의자들은 그들의 식민지 지배를 정당화시키기 위하여 자신들은 선진국이고 우리는 후진국이며, 자신들은 일등국민이고 우리는 삼등국민이라는 식의 의식을 주입시켰는데, 우리는 여전히 그런 의식에서 벗어나지 못하고 있는 것이 아닌가 여겨집니다.

균형잡힌 국제감각으로 세계적 시야를 갖는다는 것은 21세기를 바라보는 오늘, 국가적 차원에서뿐 아니라 개인의 발전을 위해서도 매우 중요한 일입니다. 프랑스 빠리의 최신 패션이 어떻게 변하는가 관심 갖고 보는 만큼 아마존강 유역 원주민들이 무차별적인 개발로 인한 환경파괴에 어떻게 저항하고 있는지에 대해서도 관심을

가져야 합니다. 이런 균형 잡힌 국제감각만이 우리를 국제시민으로
키워줄 것입니다.

## 현지화에 적극 나서야 한다

오늘은 제가 독일 유학시절에 경험한 일에 대해 말씀드리겠습니
다. 가끔 한국 기업의 현지 지사에서 아르바이트를 하면서 느낀 일
입니다. 그 회사는 한국의 대표적 대기업의 하나로 독일시장을 상
대로 반도체 제품을 판매하고 있었습니다. 지사장 외에 서너 명 본
사에서 파견 나온 직원들이 있었고 독일인 사무직원 한 명을 고용
하고 있었습니다. 파견 나온 직원들 중 독일현지에 대해 사전에 체
계적인 교육이나 훈련을 받고 나온 사람은 한 명도 없었습니다. 한
국 직원들 중 독일어를 할 줄 아는 직원도 물론 없었습니다. 자연히
많은 일을 그 독일 여직원에게 의존할 수밖에 없었지요. 독일 여직
원과의 대화는 영어로들 했는데 제가 보기에 한국 직원들의 영어실
력도 그다지 유창한 편은 아니었습니다. 그 회사는 한국 일류의 기
업이었고 그 직원들은 나름대로 외국어 실력이 있다고 해서 선발되
었을 텐데도 말입니다.

언어능력이 딸리다보니 자신들이 고용해서 쓰고 있는, 하급직원
인 독일인의 눈치를 자주 보게 되고, 좀 심하게 말한다면 그 여직원
의 비위를 맞추기 위해 전전긍긍하는 모습이었습니다. 한국에서라
면 상상도 할 수 없는 일이겠지요. 부장급 간부직원이 말단 여직원
의 비위를 맞추기 위해 애쓴다는 것이 흔한 일은 아닐 테니까요. 더
한심한 일은 한국회사에 근무하는 독일 인력이 독일 자체에서는

2, 3류 급에 해당하는 인력이라는 것입니다. 보수조건에서는 한국 회사가 다른 외국기업이나 독일기업보다 크게 떨어지는 것은 아니었습니다만 "한국기업에서 일했다는 것이 경력산정에 별로 도움이 안 되기 때문에 그런 2류 인력들이 지원할 수밖에 없다"는 그 독일 여직원의 자조(自嘲) 섞인 말은 조금은 충격적이었습니다. 그 한국 회사는 한국에서는 일류, 또는 초일류라고 불려지는 회사였는데 '현지화' 능력이 미숙하여 외국에서는 그 회사의 수출상품처럼 제 가격을 못 받고 있었던 것입니다.

지금 말씀드린 것은 7, 8년 전 제가 경험한 일입니다. 지금은 사정이 많이 달라졌으리라고 믿습니다. 많은 기업들이 현지화를 위해 젊고 유능한 사원들을 교육과 훈련을 위해 세계 각지로 내보내고 있다는 보도도 듣고 있습니다. 이런 현지화를 위한 투자가 더 적극적이고 효율적으로 이루어져야 하겠습니다.

### 밖에 나가서는 '외로운 들개'가 되자

역시 유학시절에 자주 겪은 일입니다. 외국에 나가보면 새삼 우리나라 사람들이 보수적이고 집단귀속주의적인 성향이 강하다는 것을 느낍니다. 외국생활을 몇십년씩 하면서도 김치 없이는 밥을 못 먹는다는 사람들이 많습니다. 식생활에서 보여주는 한국인들의 주체성은 과연 놀랍습니다. 그러나 현지음식도 잘 먹거나 만들면서 김치를 잊지 않고 지낸다면 이는 주체성이라고 보아줄 수 있겠습니다만, 도대체가 삼시 세끼를 김치와 쌀밥이 아니면 못 먹겠다는 지경에 이르면 이는 더이상 주체성의 문제가 아니라 현지적응력이 부족하다는 심각한 이야기가 됩니다.

유학생 사회에서는 이런 우스개 이야기도 있습니다. "외국에 나와서 한국말만 더욱 늘었다." 무슨 이야기냐 하면 유학생들이 외국에 나와서도 현지인들과 어울리며 현지에 적응하려 노력하기보다는 말이 쉽게 통하고 느낌이 비슷한 한국사람들끼리만 어울리려 한다는 말입니다. 외국어는 뜻대로 되지 않고, 문화와 관습이 다른 외국인들과 어울리려면 어딘지 피곤하고, 공부하러 왔으니까 일정한 기간 머물러야 하는데 외롭고, 이래서 다시 한국사람들과 끼리끼리 어울려 지내게 되는 것입니다. 그러다보니 외국에 몇년씩 있어도 외국어가 유창해지지 않고, 그 나라의 풍습과 문화에도 정통하지 못한 채, 그저 소정의 학위과정을 마친 대가로 주어지는 학위증 한 장을 달랑 들고 들어오게 되는 경우가 생기게 되는 것입니다. 이런 경우가 또 있습니다. 여러 나라 외국인들과 함께 하는 국제세미나나 국제회의장엘 가서도 한국학자나 정치인 등 한국대표단은 다양한 외국대표들과의 활발한 개인접촉을 통해 교류를 확대하려 시도하기보다는 같은 한국대표단 멤버나 그들을 도와주러 온 현지 한국인들과 어울리는 데 대부분의 시간을 보낸다는 것입니다. 그것이 아마 편하기 때문이겠지요.

밖에 나가서는 차라리 한마리 외로운 들개가 되어봅시다. 이리저리 우우 몰려다니는 양떼의 일원이 되기보다는, 그리하여 늘 같은 언저리를 맴돌며 개척과 변화를 두려워하는 순한 양으로 남기보다는 과감하게 거친 들판의 여기저기를 뛰어다니며 자신의 영역을 새롭게 개척해나가는 들개가 되어봅시다.

## 성숙한 국제감각이 필요하다

80년대 이후로 우리 기업의 해외진출이 늘어나고 있습니다. 미국, 캐나다나 유럽 국가 같은 곳에 현지공장을 짓는 대기업들도 있습니다만, 임금이 싼 스리랑카나 태국 또는 가봉 같은 아프리카 국가, 최근에는 중국으로 진출하는 중소기업들이 늘어나고 있습니다. 이들 제3세계 지역에 진출하는 기업들 중에 벌써 혹독한 노무관리로 원성을 사고 있는 기업들이 있다는 얘기를 듣게 됩니다. 세계화시대에 세계 각국으로 진출하는 우리 기업인들은 옛날에 우리가 강대국에 당한 것처럼 그들에게 강대국 행세를 하려 해서는 안 될 것입니다. 그들로부터 뺏어오려고만 해서는 안 되고, 상호 주고받는 관계로 양자의 관계를 발전시켜나가야 할 것입니다. 그래야 그들과의 관계가 오래 갑니다. 옛날에 일본인이나 일본 기업들이 우리나라를 비롯하여 동남아시아에 심어놓은 추악한 이미지를 우리가 그대로 따라서는 안 된다고 생각합니다.

정치가들 역시 국제감각을 가져야 합니다. 이런저런 명목으로 해외시찰을 나가서는 일정의 대부분을 관광으로 보내거나 아니면 외국의 백화점과 상점에서 귀중한 외화를 낭비하며 보내서는 안 됩니다. 아무런 현안 없이 외국의 주요 정치거물과 증명사진이나 한장 찍고 돌아와서 홍보책자를 만들어 돌리는 일도 이젠 제발 그만둡시다. 해외 시찰이나 출장을 나가게 되면 적어도 현지사정에 관한 기본서적이라도 몇권 읽고 나가서 현지 확인을 하든지 그곳 지도자들과 문제에 관한 토론이라도 하든지 하여 실질적인 국익확보를 위해 노력해야 합니다.

　마지막으로 한가지! 우리나라의 웬만한 대학에는 다 외국어학과가 있습니다. 영어영문학과, 독어독문학과, 불어불문학과, 중어중문학과 등 하나같이 어문학과로 되어 있습니다. 지구촌시대를 맞아 우리에게 필요한 것은 그러나 다량의 외국문학자보다는 지역전문가라고 생각됩니다. 영문학과보다는 영국학과, 미국학과, 또는 캐나다학과가 필요하고 독문학보다는 독일학, 오스트리아학 등이 필요합니다. 이런 지역학을 통해 우리는 해당국의 언어는 물론 그 나라의 정치·경제·사회·문화 등 그 나라에 관한 종합적 지식을 확보하고 응용하여야 할 것입니다. 외국어문학과를 나온 젊은이들이 그 나라의 언어도 제대로 구사하지 못하는 현행 외국어 교육체계도 개선되어야 하지만 외국어학과 출신들이 해당국의 사회현실에 대해 전혀 깜깜무지인 것은 입만 열면 국제경쟁력 강화가 외쳐지는 시대에 참으로 한심한 일이 아닐 수 없습니다.

〈1995년〉

# 전환기 세계에 대한 안목과 지혜

## 1. 글로벌라이제이션의 패러독스

많은 이들이 오늘날 세계가 하나로 통합되어가고 있다고 한다. 이른바 지구촌화 현상이다. 세계시장은 더이상 자본주의 시장과 사회주의 시장으로 양분되어 있지도 않고 동서양과 중국, 이슬람세계식으로 분열되어 있지도 않다. 경제의 힘이 국경을 무너뜨리고, 여기에 TV전파가 가세한다. 당초 예상을 훨씬 뛰어넘는 속도로 TV전파의 국경 허물기가 진행중이어서 전세계적으로 핵우산에 버금가는 전파매체의 우산이 형성되고 있다고 한다.

과연 그렇다. 사회주의 체제가 무너진 후의 세계는 도처에서 자본주의의 승전고를 울리면서 세계를 하나의 시장으로 통합해나가고 있다. '국경을 허문' 공로를 인정받는 TV는 전세계적으로 거의 10억 대가 보급되어 있어, 그 화면을 통해 라인강이나 미시시피강 연안의 주민들뿐 아니라 볼가강과 양쯔강, 또는 아마존강과 나일강 유역의 주민들에게까지 똑같은 동경(憧憬)을 심어준다. 미국 TV드라마 「달라스」(Dallas)에 등장하는 호화로운 저택과 자동차 같은, '상품'이 만들어내는 천국에 대한 동경인 것이다. 이런 전세계적인 단일시장의 실현을 위해 3만5천 개 이상의 다국적기업이 전세계를 무역망과 교통망으로 촘촘히 연결하고 있다. 그리고 전세계 어디에서나 그들의 새로운 자동차, 컴퓨터, 비디오, 카메라뿐 아니라 오페라와 팝 히트곡, 히트 소설과 초콜릿 등을 그 나라의 언어로 그 나라 시장에서 팔아먹고 있다.

### 애국적 사고와 세계적 사고

지구촌화시대에 기업인들은 '애국적'(patriotic)으로 사고하기보다는 '세계적'(global)으로 사고해야 할 것이다. 이미 자본에 국경은 없어졌으며 이윤확보를 최대화하기 위한 모든 것은 합리적인 것으로 칭송된다. 예를 하나 들어보자. 독일 최대의 자동차회사인 폴크스바겐(Volkswagen)사는 골프(Golf)라는 국민차를 주력 차종으로 내놓고 있다. 그러나 이 차의 부품은 21개국에서 공급된다. 전자부품은 프랑스 이딸리아 오스트리아 등에서, 베어링은 스페인에서, 핸들부품은 미국에서, 수동변속기는 브라질, 타이어와 배터리는 스페인, 그리고 엔진부품은 일본 등에서 수입해 쓰고 있다. 이 회사는 정부 투자비율도 높은 독일의 대표적인 국민기업이다. 자국의 고용 증대라든가 부품산업 육성 등을 이유로 자국 제품을 쓰기보다는, 가격경쟁력이 우수한 타국의 제품을 쓸 수밖에 없는 것이 오늘날 국제경쟁에서 살아남으려는 기업의 현실이다.

그러나 단일시장, 지구촌화가 이야기되는 다른 한편에서 세계는 여전히 분열되어 있고, 또한 새로이 분열하고 있다. 자본주의는 승리했지만 승리의 맛은 씁쓸하다. 소수의 부유한 나라와 대다수 가난한 나라 사이의 갈등이 더욱 심각한 양태로 발전되어가고, 한 나라의 급속한 발전이 다른 나라나 지역의 생존을 위협하는 상황이 전개되고 있다. 민족주의의 발흥으로 지난 2년 동안에만 지구상에 21개 국가가 새로이 나타나기도 하였다.

마닐라와 리우데자네이루의 날로 팽창해가는 슬럼가가 이 지구의 한쪽에 자리잡고 있는가 하면, 고도로 과학화한 토오꾜오와 시애틀 같은 도시의 삶이 다른 한쪽에 자리잡고 있다. 1992년에는 지구상 국가의 1/4에 해당하는 49개국에서 1인당 GNP가 감소하였다. 생산성 증가가 인구증가분을 따라가지 못했기 때문이다. 1984년부터 전세계 곡물생산량 증가율은 1퍼센트에도 미치지 못했는데 이는 인구증가율의 반 정도밖에 안 되는 것이었다.

농업생산력이 활력을 잃어가고 있는 현상은 오늘날 전세계적으로 가장 우려할 만한 경제적 경향이라고 하겠다. 우리의 경우도 단순한 국제 비교우위론에 입각하여 농산물의 국제경쟁력 문제를 운위한다든가 하여 쌀 시장을 개방하는 경우, 농업생산력 저하가 당장 매우 심각한 문제로 등장하게 될 것이다.

## 시장통합과 민족분열

한 지역의 급속한 성장이 다른 지역의 생존에 위협이 될 수 있다는 예는 중국의 경우이다. 많은 경제연구기관들이 지적하는 바와 같이 중국은 덩샤오핑의 '사회주의적 시장경제' 덕분에 앞으로 8년 내에 국민총생산을 현재의 배로 성장시키고 일본, 독일을 추월하여 세계 2위의 경제대국으로 성장하게 될 것이다. 1980년을 기준으로 할 때 중국의 경제성장은 1990년에는 235퍼센트, 2000년에는 470퍼센트로 아시아 국가 중 가장 성장률이 높은 나라가 된다.

2000년이 되면 상하이의 폴크스바겐 공장에서는 연간 2백만대의 자동차가 생산되게 되는데, 이는 오늘날 중국 전체의 자동차수보다 많은 것이다. 중국뿐 아니라 한국 등 소위 아시아의 네 마리 용, 그리고 태국, 말레이시아, 인도네시아 등 태평양권 국가들의 빠른 성장은 다른 지역——특히 중앙아메리카와 중근동아시아 국가들 및 아프리카 국가들——의 존립기반을 위협하게 될 것이다.

태평양 국가들의 빠른 성장은 세계시장에 대한 이들의 공격성을 더욱 강화시킬 것인바, 이때 중앙아메리카 등의 발전도상국가들은 상품시장, 원료시장 또는 노동력시장으로 이들의 공격 앞에 무력하게 노출될 것이기 때문이다.

오늘날 지구촌화의 핵심은 세계가 단일시장으로 통합되는 것만을 의미한다. 지구촌 내부의 갈등과 대립이 더욱 심화되고 있음에도 시장은 하나로 통합되고 있다는 데 오늘날 지구촌화의 패러독스가 있다. 지구촌화의 선전논리에는 마치 세계가 서로 다른 상대방의 존재양식을 다 감싸안으며 정치·경제·사회·문화적 상호의존관계를 더욱 발전시켜가는 자본강국들의 희망사항이 그대로 투영되어 있다.

그러나 실제로 이런 지구촌화는 곳곳에서 도전에 직면하고 있다. 지구촌 이전에 한 국가의 범위 내에서도 핵분열이 계속되고 있다. 유고슬라비아 민족들은 벌써 몇년째 피로 피를 씻는 '인종청소' 전쟁에 빠져 있고 그루지야와 아제르바이잔 등 옛 소련의 공화국들에서도 민족간의 분쟁이 끊이지 않고 있다. 캐나다 국민들은 여전히 영어 사용 주민과 불어 사용 주민 간에, 벨기에인들은 플랜더스어와 프랑스어 사용 주민 간의 분열을 극복하지 못하고 있고, 이딸리아인과 스위스인 역시 그들의 민족정체성 문제로 씨름하고 있다.

힌두교도와 회교도, 시크교도가 서로 반목하는 인도에서는 인도 독립의 아버지 마하트마 간디가 회교도의 손에, 초대 인도 총리였던 자와할랄 네루의 딸이며 역시 현직 총리였던 인디라 간디는 시크교도에 의해, 그리고 그의 아들이었던 라지브 간디 수상은 스리랑카의 타밀 분리주의자로 추정되는 세력의 폭탄공격에 희생되었다. 시크교도의 본거지인 황금사원과 회교도들의 집결지인 카슈미르의 도시들에서는 여전히 인도 군경과의 충돌로 많은 사상자가 나고 있다.

### 우려할 만한 '정보예속'

지구촌화의 이상이 실험되고 도전받고 있는 또 하나의 지역으로 소말리아를 들 수 있다. 소말리아는 인류사상 최초로, 적어도 제2차대전 이후로는 최초로 어떤 강대국의 직접적인 이해관계가 걸려 있지 않은 지역이면서 세계 여러 나라가 '순수한 인도적 차원에서' 군대를 파견한 곳이다. 몇년째 소말리아를 휩쓸고 있는 기아로부터 소말리아 난민들을 구원하기 위해 서방 각국은 구호물자를 보냈다. 그러나 이것들은 몇년째 내전을 계속하고 있는 소말리아 내의 각 파벌에 의해 절취되어 난민들의 참상은 계속되고 있었다. 구호물자를 안전하게 난민들에게 수송하기 위한 작업이 논의되었고 이 작업을 UN평화유지군(PKO)이 담당하게 되었다. 미군도 평화유지군의 일원으로 이 작업에 참여하였다가 소말리아 내전에 휘말리게 되었고 상당한 사상자도 냈다. 당연히 미국 내 여론이 악화되었고 클린턴 대통령은 명예로운 철군을 모색하기에 이르렀다. 미군을 일부 증파하여 사태 장악을 위한 노력을 최대한 기울인 후에 1994년 3월 말까지 전 병력을 철수시키겠다는 것이 그의 입장이다.

프랑스, 벨기에, 이딸리아 등이 소말리아 내전의 복잡한 성격상 자기 나라의 구호물자 보호임무가 별다른 성과를 거둘 수 없다고 판단, 철군준비를 서두르자 부트로스 갈리 UN사무총장도 미군 철수와 함께 전체 UN평화유지군의 철수를 검토하게 되었다. UN이, 아니 세계가 모처럼 지구촌 공동의 문제로 인식하고 달려든 소말리아에서의 '인도적 임무'는 실제에 있어 각국의 구체적 이해관계와 관련이 없는 사안일 때 어느 나라도 그 문제의 해결을 위해 끝까지 진지한 노력을 기울이지 않는다는 사실을 다시 한번 확인해준 것이기도 하다. 여기에서 '국가이익 우선주의'와 이상적인 '국제주의' 간의 접합점은 어디가 될 것인지? 이것 역시 세계가 지구촌화하고 있다고 믿는 이들이 해답을 제시해야 할 일이다.

현재와 같은 지구촌화가 갖고 있는 또 하나의 위험은 종래의 '제3세계권' 국가들의 선진자본주의 국가에 대한 '정보의 예속'이다. 많은 사회학자와 미래학자들은 앞으로의 시대에 국가간의 경쟁력에서 중요한 것은 군사력이나 경제력 못지않게 지식문화력, 정보력이 중요하게 될 것이라고 한다. 클린턴의 경제자문역을 맡았다가 노동부 장관으로 입각한 로버트 라이시 교수가 클린턴 정부의 국정운영 지침서 삼아 저술한 『국가의 역할』도 미국이 국제경쟁에서 계속 지도적인 국가로 살아남기 위해서는 고부가가치를 창출할 수 있도록 국민을 고급노동력으로 교육시켜야 한다는 것을 강조하고 있다.

　고급정보와 지식, 또는 주요 이슈의 선진국 독점은 그들의 매체 독점을 통해 확대·강화되고 있다. 텔레비전 이전에 전세계의 뉴스를 공급하는 세계적인 통신사들은 그들을 지배하는 자본의 이해관계에 따라 이슈를 선정한다.(세계적인 통신사라고 하는 AP, AFP, UPI, Reuter 등은 모두 서구 선진자본주의 국가들의 것이다. 타스통신이나 중국의 신화사(新華社)통신, 독일의 DPA, 일본의 지지(時事), 쿄오도오(共同)통신 등은 해당국의 뉴스를 세계에 공급하는 데에서만 부분적인 역할을 인정받는다.) 동물학대를 반대하는 브리지트 바르도의 인도주의적인 행동은 세계 여론의 주목을 받지만 수십년째 내전이 계속되는 앙골라에서는 요즘 어떤 일이 벌어지는지 세계는 잘 모른다. 프랑스 의회선거 결과에 대해서는 꽤 상세히 알 수 있게 되지만 자이르의 모부투 독재에 대한 그곳 야당세력의 투쟁은 전혀 관심 밖의 일이 되어버린다.

　제3세계 '후진국'이 우리의 관심을 끌 수 있으려면 적어도 소말리아에서처럼 수십만 명이 기아로 죽어가든지, 아니면 이라크처럼 끊임없이 세계 최강대국의 비위를 거스르는 행동으로 국제언론의 주목을 받을 수 있어야 한다. 보스니아 내전의 참상이라든가 평화협상의 진행상황에 대해서는 거의 매일 국제언론의 보도가 잇따르고 있지만 미얀마의 정글 속에서 40년째 진행되고 있는 카렌족의 외로운 항쟁과 그들에 대한 미얀마군의 잔학행위는 전혀 국제여론의 관심을 끌지 못한다. 이와같이 이 지구를 구성하는 각 부분간의 상호 이해와 연대를 바탕으로 지구촌화가 진행되는 것이 아니라 소수의 부유한 국가들의 시장쟁탈과 시장지배의 방편으로 글로벌라이제이션이 이루어지고 있다면 문제가 있다.


## 2. 역사는 반복되는가

오늘날 이 세계에서 발생하는 많은 일들은 우리로 하여금 사고를 '범지구적'으로 할 것을 요구한다. 우리의 상품은 세계시장을 대상으로 하는데 사고는 여전히 한반도 중심으로 고착되어 있어서는 곤란하다. 동남아시아에서 일어나는 일들이나 중남미의 일들을 우리와 관계없는 것으로 치부해서는 안된다. 그 나라 사람들을 단순히 우리 상품의 소비자 정도로만 인식한다든가 상품시장으로서만 그 나라들을 파악하려 해서도 안된다. 국제관계는 호혜평등의 원칙 아래 상호 연관성과 교류를 증대시켜나가야 장기적으로 지구촌의 안정과 발전이 가능하게 될 것이다.

### 열린 안목과 넓은 지혜로
한국인의 국제화와 그에 필요한 국제감각과 관련하여 한가지 짚고 넘어가야 할 것은 구미 편향의 세계관으로부터 벗어나야 한다는 것이다. 아니면 중화(中華) 중심의 동이서융(東夷西戎), 남만북적(南蠻北狄) 식의 인종주의적 세계관으로부터 벗어나야 할 것이다. '선진국·후진국' 식의, 또는 '일등국민·삼등국민' 식의 유치한 일제 잔재로부터도 해방되어야 한다.

무역영어를 능숙하게 구사할 뿐 아니라 외국인들의 생활방식이나 문화를 익숙하게 파악하여 더 많은 우리의 상품을 해외에 파는 것은 여전히 중요하다. 여기에 우리의 생존이 달려 있기 때문이다. 그러나 이렇게 하기 위해서도 우리 스스로의 인종적 편견이나 특정 지역에 대한 편향된 인식들은 좀더 세련되게 바뀌어야 한다. 같은 외국인을 놓고도 백인종과 유색인종에 대한 차별적 태도는 없는가? 한번쯤은 반성해볼 만한 일이다. 성숙한 국제감각을 갖는 것과 함께 우리는 소말리아 난민들의 참상에 인류애적인 아픔을 함께 나눌 수 있어야 하고, 민족주의 또는 종교의 이름으로 자행되는 보스니아에서의 인종말살행위에 대항하여 세계의 양심과 함께 싸울 수도 있어야 한다. 이러한 것이야말로 진정한 '지구촌'을 건설하기 위해 이 시대에 요구되는 것들인지 모른다.

범지구적으로 사고해야 하는 것은 점차 심각해져가는 환경문제 때문에도 중요하다. 중금속에 오염된 중국의 대기가 한반도에 산성비를 몰고 와 산림파괴와 토양오염을 가속화시키는 주범으로 지적되고 있다. 최근에는 러시아에 이어 일본도 동해에 대량의 핵폐기물을 버렸다는 사실이 밝혀져 우리의 앞바다가 방사능에 완전 무방비상태에 놓여 있음이 드러났다. 스웨덴의 삼림은 오래 전부터 영국 맨체스터의 공장들에서 날아오는 오염된 대기 때문에 망가지고 있고, 북해 오염의 심각성은 바다조류의 멸종을 우려할 단계에까지 이르러 북해연안 나라들의 공동대책을 요구하고 있다.

이미 오래 전의 이야기지만 소련 체르노빌 원자력발전소 사고는 유럽인들과 아시아인들을 전전긍긍하게 만들었다. 땅위에는 국경이 있고, 바다에는 영해, 하늘에는 영공이 있다고 하여 민족국가들은 각각의 영토에 대한 주권을 주장하고 있지만 유감스럽게도 공해는 이런 민족국가의 경계를 별로 존중해주지 않는다. 이미 전지구적 범위에서 진행되는 환경파괴는 인류생존을 심각하게 위협하고 있어 세계 각국은 이를 해결하기 위해 공동으로 노력하지 않으면 안된다. 리우데자네이루에서 열린 리우환경회의는 바로 이러한 위기의식의 반영인 것이다.

독일통일과 발칸에서의 민족분규를 바라보는 사람들 중에는 국제정세가 다시 1차세계대전 이전의 상황으로 돌아가고 있지 않나 하는 우려를 나타내는 사람들도 있다. 실제로 유럽대륙의 근세사를 보면 이 지역에서의 세력관계는 게르만족과 슬라브족의 쟁패를 중심으로 진행되어온 흔적이 강하다. 게르만족의 세력이 강성할 때 중남부 유럽—체코슬로바키아, 헝가리, 폴란드, 우끄라이나, 끄로아띠아, 슬로베니아, 불가리아, 루마니아 등—은 독일의 영향권 아래 편입되었고, 반대로 슬라브세가 강할 때 이 지역은 러시아 또는 소련의 지배 하에 들어갔다. 이제 소련의 해체와 독일의 통일은 이 지역에서 게르만세의 확장을 가져와 이 지역에서의 '마르크 공영권' 형성이 이야기되고 있다. 유고슬라비아의 분열은 이 지역에서의 패권관계를 가장 정확하게 반영한다. 1918년 여러 개의 왕국이 연합하여 건설된 유고슬라비아는 나찌 침공 당시 친독일권의 끄로아띠아, 슬로베니아와 친러시아의 쎄르비아가 갈라졌고, 2차대전 후의 유고슬라비아 연방은 반나찌 투쟁을 줄기차게 벌여온 쎄르비아계 주도로 다시 건설되었다. 그러나 소련 해체 후 유고슬라비아는 다시 친게르만의 끄로아띠아와 슬로베니아 공화국과 친러시아인 쎄르비아가 주도하는 소유고슬라비아로 분열되었다. 19세기까지 이 지역에서 패권을 행사한 터키 영향력의 흔적이었던 보스니아 헤르쩨고비나는 터키의 국력이 쇠퇴해 있는 지금 끄로아띠아와 쎄르비아의 대결장이 되어 있다.

## 동아시아의 역학구조

동아시아에서의 역학관계 변화의 중심에도 마찬가지로 러시아가 서 있다. 소련 해체 후 러시아가 다시 아시아 세력으로 부상하고 있다는 것은 앞에 언급하였다. 그러나 소련을 계승한 러시아는 그 힘이 많이 약화되었다. 50년대에 자신들이 많은 원조를 제공한 중국으로부터 이제는 반대로 경제협력차관을 구걸해야 하는 신세가 되었다. 당면한 경제난국을 타파하기 위해 러시아는 북방열도 4개섬 반환 문제를 미끼로 일본과 흥정하고 있다. 경제협력과 기술지원을 위해 오랜 동맹국이던 북한을 버리고 한국과의 교류와 협력을 긴밀히 하고 있다. 이와같은 러시아 세력의 약화는 상대적으로 일본과 중국의 부상을 가져왔으며, 특히 일본의 정치적·군사적 영향력 증대 움직임은 이 지역에 새로운 긴장을 주고 있다. 일본의 재군비 움직임에 대항하여 중국이 군비강화를 시도하기 때문이다. 전 세계적으로 긴장완화 추세가 이어지는 것과는 반대현상이 동북아 지역에서 나타나고 있다.

오늘날 동북아의 정세는 외형상으로만 본다면 마치 청·러·일이 쟁패하던 20세기 초반 같은 형세를 띠고 있다. 아시아 지역으로의 진출을 노리는 러시아가 있고 이의 남하를 저지한다는 구실로 일본이 재무장을 서두르고 있다. 2차대전 후 이 지역에서의 '질서유지자' 역할을 했던 미국은 자국 내 경제문제 등으로 다시 신고립주의적 경향을 띠어간다. 미국은 실제로 태평양 세력이기보다는 전통적으로 대서양 세력이었으며 세계 최강의 패권국가로 세계를 지배한 것은 2차대전 이후 불과 40여 년의 기간이었다. 그것도 소련이라는 강력한 경쟁자가 있었기에 존재의의가 있었던 것이다. 그러나 양극의 한 극이 붕괴된 현실에서 미국은 세계경찰로서의 역할에 한계를 느끼고 국내문제가 복잡할 때는 언제고 다시 자신의 본거지로 철수할 수 있는 나라로 보여진다. 레이건 시대에 최고조에 달했던 미국의 세계적 역할은 이제 하향기에 접어들었으며, 신고립주의적 대외정책을 보이는 클린턴 정부는 미국이 이제 북아메리카의 근거지로 다시 돌아가기 위한 준비작업을 수행하려는 듯이 보인다. 미국은 1871년 신미양요라는 전쟁까지 치르면서 1882년의 조·미 수호조약으로 한반도에 진출하였지만 결국 태프트·카쯔라 밀약을 통해 1905년 을사조약이 체결되자 미련 없이 한반도에서 철수했던 나라다. 최근에 진행되고 있는 아시아·태평양경제협력체(APEC) 구성 논의에서도 미국은 이 지역 15개 구성국의 일원으로 역할이 하강하는 경향을 보이고 있다.

만일 이와같이 단순화해서 본다면 오늘의 동북아 정세는 일본, 중국, 러시아가 지역 패권세력으로서 재등장하고 있는 반면 미국은 상대적으로 퇴조하고 있는 것이다. 이런 상황에서 우리는 민족생존을 위해 더 적극적이고 주체적인 노력을 기울여야만 한다. 냉전질서가 종식된 상황에서 우리만 냉전의 잔재를 끌어안고 동족간 대결에 민족의 역량을 소진해서는 안 될 것이다. 소련의 붕괴와 미국의 신고립주의적 경향으로 통일을 둘러싼 국제여건이 그 어느 때보다 좋아진 지금, 편협한 냉전과 대결의 논리로 통일문제에 대응해서는 또 다시 20세기 초의 역사를 반복하는 천추의 한을 남기게 될지 모른다. 역사가 단순히 반복되는 것은 아니라는 것을 증명하기 위해서도 우리 모두는 민족생존을 위한 깊은 성찰과 대승적 노력을 기울여야 할 것이다.

〈1994년 1월〉

정범구의 세상 읽기

초판 발행 / 1998년 12월 5일

지은이 / 정범구
펴낸이 / 김윤수
펴낸곳 / ㈜창작과비평사

등록 / 1986년 8월 5일 제10-145호
주소 / 서울 마포구 용강동 50-1 우편번호 121-070
전화 / 영업 718-0541, 0542 · 편집 718-0543, 0544
       독자사업 716-7876, 7877
팩시밀리 / 영업 713-2403 · 편집 703-3843
천리안 · 하이텔 · 나우누리 ID / Changbi
인터넷 / 홈페이지 www.changbi.co.kr
            www.changbi.com
       전자우편 changbi@changbi.com
우편대체 / 010041-31-0518274
지로번호 / 3002568